빅데이터 문화와 회화의 소통

실용중국어
实用汉语

빅데이터 문화와 회화의 소통

실용중국어
实用汉语

김재민 · 맹춘영 · 손양 지음

學古房

　중국을 제대로 알려면 언어와 역사, 문화를 배우고, 아울러 중국인들과의 만남을 통해 그들의 의식과 생활을 이해하는 과정이 반드시 필요하다고 생각합니다.

　본 교재는 중국어 단어를 외우고 어려운 문장 등을 읽고 해석하는 기초 능력의 향상과 회화, 작문까지 함께 습득할 수 있는 실용도서입니다. 중국에서 흔히 보거나 들을 수 있는 광고, 영화대사, 노래가사 등 매 과의 핵심적인 문장을 실전처럼 연습해 볼 수 있으며 쇼핑, 헬스, 이발과 미용, 음식 등 일상생활의 용어 및 문장까지도 다양하게 배울 수 있어 중국인의 감정과 생활, 문화 등을 이해하는데도 큰 도움이 되리라 여겨집니다.

　특히 중국 현지에서 바로 사용할 수 있는 실생활의 대화와 문장을 예문으로 제시하여 리얼리즘을 확보하였고 중국과 중국어에 관심이 많은 학습자들이라면 누구나 유용하게 활용할 수 있도록 구성하였습니다.

　본 교재를 활용한 학습자들이 중국어를 자신의 언어로 습득하고 터득해가는 과정에서 그 매력을 진정으로 느끼는데 도움이 되기를 바라며 이 책의 출판을 허락해 주신 하운근 대표님, 교재 출판 끝까지 한 줄 한 줄 세심하게 편집과 도움을 주신 명지현 팀장님, 표지를 디자인해 준 오동준님과 학고방 식구들 모두에게 고마움을 전합니다.

저자 일동

　실용중국어 교재라는 특성상 실생활의 예문 소개는 리얼리즘의 확보를 위하여 일부 내용은 부득이 중국의 사전과 신문 등에서 직접 발췌하여 수정 정리하였음을 먼저 밝혀둡니다.

03 体验中国文化

1. '上海东方明珠广播电视塔'에 대한 소개는 欣欣旅游를 참조함.
2. '2010年的上海世博会'에 대한 소개는 百度百科를 참조함.
3. '豫园'에 대한 소개는 百度百科를 참조함.

04 广告

1. '飞燕减肥茶'의 광고 내용은 碧生源减肥茶广告语를 인용함.
2. '征婚启事'의 내용은 영화《非诚勿扰》에서 발췌함.

06 购物

1. '促销广播'의 내용은 '2017年淘宝店铺宣传语, 打造你的专属美丽'에서 인용함.
2. '旗袍'에 대한 소개는 百度百科를 참조함.
3. '讲价的技巧'에 대한 소개는 '买东西如何讲价？购物砍价实用技巧'를 참조함.

07 美发

1. "发型"의 "马尾", "丸子头", "卷发"에 대한 소개는 百度百科를 참조함.
2. "梁咏琪《短发》"에 대한 소개는 百度百科를 참조함.
3. "美发店的基本服务项目"에 대한 소개는 百度知道의 "美发店的服务项目有哪些"를 참조함.

08 饮食

1. 中国四大菜系和八大菜系에 대한 소개는 百度百科의 "八大菜系"를 참조함.
2. 优惠券에 대한 소개는 百度百科의 "优惠券"을 참조함.
3. 中国八大菜系的代表菜品에 대한 소개는 百度百科의 "八大菜系"를 참조함.

09 看病

1. 来华留学生综合保险에 대한 소개는 《中国教育部高等学校接受外国留学生管理规定》을 참조함.

10 买手机卡

1. 手机卡에 대한 소개는 百度百科를 참조함.
2. 关于微信에 대한 소개는 百度百科를 참조함.

11 晨练

1. 太极拳에 대한 소개는 百度百科를 참조함.
2. 广场舞에 대한 소개는 百度百科를 참조함.
3. 健身须知에 대한 소개는 百度文库의 "健身房健身注意事项"을 참조함.

12 勤工助学

1. 留学生勤工助学的法律规定에 대한 소개는 搜狐新闻의 《来华留学生勤工俭学须先申报》를 참조함.
2. 勤工助学是否要在居留证件上加注?에 대한 소개는 百度百科의 《中华人民共和国外国人入境出境管理条例》를 참조함.

01 坐飞机去中国   9

02 自由旅行   23

03 体验中国文化   39

04 广告   55

05 住宾馆   71

06 购物   85

07 美发   101

08 饮食   117

09 看病   133

10 买手机卡   147

11 晨练   161

12 勤工助学   175

본문해석·연습문제 해답   189

01 坐飞机去中国

场景 1
Chǎngjǐng yī

场景说明 朴美兰在登机口和刚认识的李心爱聊天……
Piáo Měilán zài dēngjīkǒu hé gāng rènshi de Lǐ Xīn'ài liáotiān……

朴美兰 我去上海留学。你呢? 去旅游吗?
Wǒ qù Shànghǎi liúxué. Nǐ ne? Qù lǚyóu ma?

李心爱 不, 我也是去上海留学。
Bù, wǒ yě shì qù Shànghǎi liúxué.

朴美兰 太好了! 那以后我们就是朋友了!
Tài hǎo le! Nà yǐhòu wǒmen jiùshì péngyou le!

李心爱 是的!
Shì de!

朴美兰 一会儿就要坐飞机去中国了。我太兴奋了!
Yíhuìr jiùyào zuò fēijī qù Zhōngguó le. Wǒ tài xīngfèn le!

李心爱 听! 开始广播了!
Tīng! Kāishǐ guǎngbō le!

登机广播
Dēngjī guǎngbō

搭乘中国东方航空公司编号MU-5042班机**前往**上海的旅客现在开始登机。

Dāchéng Zhōngguó Dōngfāng Hángkōng Gōngsī biānhào MU-wǔ líng sì èr bānjī qiánwǎng Shànghǎi de lǚkè xiànzài kāishǐ dēngjī.

请前往上海的旅客在5号登机口登机。

Qǐng qiánwǎng Shànghǎi de lǚkè zài wǔ hào dēngjīkǒu dēngjī.

≫ 새 단어

聊天 liáotiān 한담. 잡담. 심심하거나 한가할 때 이야기를 나누다.

登机口 dēngjīkǒu 탑승구. 게이트(Gate).

旅游 lǚyóu 여행. 관광.

兴奋 xīngfèn (감정을) 불러일으키다. 흥분하다. 흥분되다.

广播 guǎngbō 방송.

东方航空公司 Dōngfāng Hángkōng Gōngsī 동방항공사(東方航空社).

编号 biānhào (일정 순서에 따라 매긴) 일련 번호. 편명.

班机 bānjī 정기 항공편. 정기 여객기.

旅客 lǚkè 여행객.

登机 dēngjī 비행기에 탑승하다.

>> **구문 설명**

1   '搭乘……前往……'은 '……을 탑승해서 ……로 향하다'를 나타낸다.
주로 공항이나 기차역 등에서 자주 사용한다.

① 搭乘十一点列车前往北京的旅客请赶紧上车。

　　Dāchéng shíyī diǎn lièchē qiánwǎng Běijīng de lǚkè qǐng gǎnjǐn shàngchē.

　　11시 출발 북경(北京)행 열차를 타실 승객께서는 빨리 열차에 오르시기를
　　바랍니다.

② 我们都要搭乘本次航班前往首尔。

　　Wǒmen dōu yào dāchéng běn cì hángbān qiánwǎng Shǒu'ěr.

　　우리는 모두 이 항공편을 타고 서울로 갑니다.

场景说明 朴美兰和李心爱登上了飞机……
Piáo Měilán hé Lǐ Xīn'ài dēngshang le fēijī……

朴美兰 我们的座位在这边儿。
Wǒmen de zuòwèi zài zhèbianr.

李心爱 我的座位靠窗户，你的靠过道。
Wǒ de zuòwèi kào chuānghu, nǐ de kào guòdào.

朴美兰 别忘了系上安全带。
Bié wàng le jìshang ānquándài.

李心爱 好的。飞机要起飞了吧？
Hǎo de. Fēijī yào qǐfēi le ba?

朴美兰 是的。不知道上海那边儿的天气怎么样。
Shì de. Bù zhīdao Shànghǎi nàbianr de tiānqì zěnmeyàng.

李心爱 一会儿听听机内广播吧。
Yíhuìr tīngting jīnèi guǎngbō ba.

机内广播-欢迎辞
Jīnèi guǎngbō-huānyíngcí

各位旅客您好! 欢迎搭乘中国东方航空公司编号MU-5042班机前往上海。

Gèwèi lǚkè nínhǎo! Huānyíng dāchéng Zhōngguó Dōngfāng Hángkōng Gōngsī biānhào MU-wǔ líng sì èr bānjī qiánwǎng Shànghǎi.

今天预定飞行的时间为一小时又五十分钟。

Jīntiān yùdìng fēixíng de shíjiān wéi yì xiǎoshí yòu wǔshí fēnzhōng.

韩国跟中国有一个小时的时差。

Hánguó gēn Zhōngguó yǒu yí ge xiǎoshí de shíchā.

现在的时间为当地的下午一点二十分。

Xiànzài de shíjiān wéi dāngdì de xiàwǔ yī diǎn èrshí fēn.

上海的天气为晴天, 温度为摄氏十五度。

Shànghǎi de tiānqì wéi qíngtiān, wēndù wéi shèshì shíwǔ dù.

现在我们将开始今天的餐饮服务。

Xiànzài wǒmen jiāng kāishǐ jīntiān de cānyǐn fúwù.

座位前方电视有各项娱乐节目供您选择。

Zuòwèi qiánfāng diànshì yǒu gè xiàng yúlè jiémù gōng nín xuǎnzé.

预祝各位一路平安, 旅途愉快。

Yùzhù gèwèi yílù píng'ān, lǚtú yúkuài.

靠 kào 접근하다. 다가서다. 닿다. 대다.

过道 guòdào 통로. 복도.

系 jì 매다. 묶다. 조르다.

安全带 ānquándài (비행기·자동차 등의) 안전벨트.

起飞 qǐfēi (비행기가) 이륙하다.

时差 shíchā 시차.

当地 dāngdì 현지. 그 곳.

摄氏 shèshì 섭씨.

餐饮 cānyǐn 음식과 음료.

娱乐节目 yúlè jiémù 오락 프로그램.

选择 xuǎnzé 선택하다.

1 '为'는 '……이다'라는 뜻으로 판단동사 '是'와 같은 의미를 나타낸다. 주로 서면어(書面語)에 쓰인다.

① 首尔**为**韩国首都。

Shǒu'ěr wéi Hánguó shǒudū.

서울은 한국의 수도입니다.

② 家电的保修期限**为**一年。

Jiādiàn de bǎoxiū qīxiàn wéi yì nián.

가전제품의 보증수리기간은 1년입니다.

2 동사 '**预祝**'은 미리 앞날에 대한 축원이나 기대를 나타낸다.

① **预祝**世界杯比赛圆满成功。

Yùzhù Shìjièbēi bǐsài yuánmǎn chénggōng.

월드컵 대회가 성공적으로 원만하게 치러지기를 바랍니다.

② **预祝**大家新年快乐。

Yùzhù dàjiā xīnnián kuàilè.

모두 즐거운 새해 보내시기를 바랍니다.

场景说明　飞机快要降落了……
Fēijī kuàiyào jiàngluò le……

朴美兰　上海离韩国还真挺近啊!
Shànghǎi lí Hánguó hái zhēn tǐng jìn a!

李心爱　嗯, 还不到两个小时。
Ňg, hái bú dào liǎng ge xiǎoshí.

朴美兰　下次可以让家人们来上海玩儿。
Xiàcì kěyǐ ràng jiārénmen lái Shànghǎi wánr.

李心爱　想法不错。
Xiǎngfǎ búcuò.

朴美兰　看来马上就要到上海机场了。
Kànlái mǎshàng jiùyào dào Shànghǎi jīchǎng le.

李心爱　广播里好像在说飞机就要降落了。
Guǎngbō lǐ hǎoxiàng zài shuō fēijī jiùyào jiàngluò le.

降落广播
Jiàngluò guǎngbō

本班飞机即将降落在上海浦东国际机场。
Běn bān fēijī jíjiāng jiàngluò zài Shànghǎi Pǔdōng Guójì Jīchǎng.

现在为当地下午四点三十分。
Xiànzài wéi dāngdì xiàwǔ sì diǎn sānshí fēn.

感谢您搭乘中国东方航空公司的班机，**希望**下次还有机会能为您提供更完善的服务。
Gǎnxiè nín dāchéng Zhōngguó Dōngfāng Hángkōng Gōngsī de bānjī, xīwàng xiàcì hái yǒu jīhuì néng wèi nín tígōng gèng wánshàn de fúwù.

下机时不要忘了您的随身行李。打开上方行李棚时请小心，**以免**行李滑落下来。
Xiàjī shí búyào wàng le nín de suíshēn xíngli. Dǎkāi shàngfāng xínglipéng shí qǐng xiǎoxīn, yǐmiǎn xíngli huáluò xiàlai.

本班机全体组员再次向各位旅客表示感谢，并预祝大家旅途愉快。
Běn bānjī quántǐ zǔyuán zàicì xiàng gèwèi lǚkè biǎoshì gǎnxiè, bìng yùzhù dàjiā lǚtú yúkuài.

快要 kuàiyào 곧(머지않아) (~하다). 일반적으로 구말[句末]에 '了'가 온다.

降落 jiàngluò 착륙하다.

上海浦东国际机场 Shànghǎi Pǔdōng Guójì Jīchǎng
　　　　　　　　　상해 포동국제공항(浦東國際空港).

完善 wánshàn (더할 나위 없이) 완전하다. 완벽하다.

随身行李 suíshēn xíngli 휴대 가방. 소지품.

上方 shàngfāng 위쪽.

行李棚 xínglipéng 선반(stowage bin).

组员 zǔyuán (조 · 팀 · 그룹 따위의) 구성원.

⟫ 구문 설명

1 동사 '**希望**'은 어떤 일을 이루고자 혹은 그것을 얻으려는 바람을 나타내거나 심리적으로 좋은 일이 오기를 기대할 때 일어나는 감정을 말한다.

① 我**希望**你早点儿回来。

Wǒ xīwàng nǐ zǎo diǎnr huílai.

전 당신이 일찍 돌아오기를 바랍니다.

② 学生们**希望**老师不留作业。

Xuéshengmen xīwàng lǎoshī bù liú zuòyè.

학생들은 선생님께서 과제를 내지 않기를 바랍니다.

2 접속사 '**以免**'은 '⋯⋯하지 않도록, ⋯⋯(영향을) 끼치지 말고'라는 의미로 쓰인다. 일반적으로 복문의 뒷 절 첫머리에 놓이며 뒷 절을 우선적으로 해석한다.

① 带把伞出门，**以免**下雨淋湿了。

Dài bǎ sǎn chūmén, yǐmiǎn xiàyǔ línshī le.

비에 흠뻑 젖지 않도록 우산을 가지고 외출하세요.

② 晚上早点儿回家，**以免**父母担心。

Wǎnshang zǎo diǎnr huíjiā, yǐmiǎn fùmǔ dānxīn.

부모님께 걱정 끼치지 말고 밤에 일찍 귀가하세요.

1. 다음 단어들을 어순에 맞게 배열해 보세요.

(1) 下机 / 不要 / 行李 / 忘了 / 您 / 随身 / 时 / 的

→ ( )

(2) 上海 / 搭乘 / 前往 / 的 / 旅客 / 登机 / 现在 / 开始 / MU-5042班机

→ ( )

(3) 上海浦东国际机场 / 飞机 / 降落 / 已经 / 在 / 了 / 本班

→ ( )

(4) 娱乐节目 / 座位 / 电视 / 有 / 各项 / 选择 / 供您 / 前方

→ ( )

2. 한어병음을 보고 알맞은 장소를 선택해보시오.

(1) Běn bānjī quántǐ zǔyuán yùzhù nín lǚtú yúkuài.　　→ ( )

① 旅游车里　　　② 医院　　　　　③ 飞机上

(2) Qǐng qiánwǎng Shǒu'ěr de lǚkè zài bā hào dēngjīkǒu dēngjī.

→ ( )

① 飞机上　　　② 银行　　　　③ 机场侯机室

3. 빈칸을 채우시오.

(1) 感谢您_____中国东方航空公司的班机。

(2) 上海的天气_____晴天。

(3) 放好行李，_____好安全带。

(4) _____你下个月的比赛取得好成绩。

4. 무엇을 빗대어서 표현한 것이지 알아 맞춰보시오.　　　　→ (　　　　)

有人说我象老鹰，
我说我象大蜻蜓，
请你到我肚里来，
立刻带你到北京。

> 老鹰 lǎoyīng 매. 솔개.
> 蜻蜓 qīngtíng 잠자리.

02 自由旅行

场景说明 朴美兰和李心爱要一起去旅行，现在她们在通电话确认位置……
Piáo Měilán hé Lǐ Xīn'ài yào yìqǐ qù lǚxíng, xiànzài tāmen zài tōng diànhuà quèrèn wèizhi……

朴美兰 心爱，我快到火车站了，你呢？
Xīn'ài, wǒ kuài dào huǒchēzhàn le, nǐ ne?

李心爱 我已经到火车站候车室门口了。
Wǒ yǐjīng dào huǒchēzhàn hòuchēshì ménkǒu le.

朴美兰 很快呀！必需品都带了吧？
Hěn kuài ya! Bìxūpǐn dōu dài le ba?

李心爱 放心吧，都带了。
Fàngxīn ba, dōu dài le.

朴美兰 那好，一会儿见。
Nà hǎo, yíhuìr jiàn.

李心爱 一会儿见。
Yíhuìr jiàn.

开车前广播
Kāichē qián guǎngbō

旅客朋友，大家好! 欢迎乘坐本次列车。
Lǚkè péngyou, dàjiā hǎo! Huānyíng chéngzuò běn cì lièchē.

请您看清车票标明的座席号或铺位号。当您找到座位后，请注意自己携带的物品，不要丢失。
Qǐng nín kànqīng chēpiào biāomíng de zuòxíhào huò pùwèihào. Dāng nín zhǎodào zuòwèi hòu, qǐng zhùyì zìjǐ xiédài de wùpǐn, búyào diūshī.

出门旅行，安全是第一位的。为了您和大家的安全，请不要把易燃易爆危险品带上车。
Chūmén lǚxíng, ānquán shì dì-yī wèi de. Wèile nín hé dàjiā de ānquán, qǐng búyào bǎ yìrán yìbào wēixiǎnpǐn dàishàng chē.

已经带上车的，请马上交给亲友带回去，或与本节车厢的乘务员联系，**以便**妥善处理。
Yǐjīng dàishàng chē de, qǐng mǎshàng jiāogěi qīnyǒu dài huíqu, huò yǔ běn jié chēxiāng de chéngwùyuán liánxì, yǐbiàn tuǒshàn chǔlǐ.

旅客朋友，吸烟**既**威胁安全，**也**危害健康。
Lǚkè péngyou, xīyān jì wēixié ānquán, yě wēihài jiànkāng.

列车为各位旅客共同使用，所以即使稍有不便，也请您不要吸烟。
Lièchē wéi gèwèi lǚkè gòngtóng shǐyòng, suǒyǐ jíshǐ shāo yǒu búbiàn, yě qǐng nín búyào xīyān.

希望各位朋友都能遵守列车禁烟规定。祝各位旅途愉快!
Xīwàng gèwèi péngyou dōu néng zūnshǒu lièchē jìnyān guīdìng. Zhù gèwèi lǚtú yúkuài!

火车站 huǒchēzhàn 기차역.

必需品 bìxūpǐn 필수품.

座席 zuòxí 좌석.

铺位 pùwèi (기차·여객선·호텔·기숙사 등의) 침대. 잠자리.

易燃 yìrán 타기 쉽다. 인화성이 있다.

易爆 yìbào 폭발하기 쉽다.

妥善 tuǒshàn 나무랄 데 없다. 알맞다. 적절하다. 타당하다.

威胁 wēixié (어떤 원인이) 위험을 조성하다. 위협하다.

遵守 zūnshǒu (규정 등을) 준수하다. 지키다.

禁烟 jìnyān 흡연을 금지하다. 금연하다.

1 '以便'은 앞뒤의 절을 연결할 때 뒷 절의 처음에 쓰여 앞 절에서 말한 조건이 뒷 절에서 말하는 목적을 쉽게 실현하도록 함을 나타낸다. '……하기에 편리하도록. ……하기 위하여'라는 의미를 뜻한다.

① 赶紧把资料整理好, **以便**随时查阅。

Gǎnjǐn bǎ zīliào zhěnglǐ hǎo, yǐbiàn suíshí cháyuè.

수시로 열람할 수 있도록 서둘러 자료를 잘 정리해 놓으세요.

② 带着手机出门, **以便**大家能随时跟你联络上。

Dài zhe shǒujī chūmén, yǐbiàn dàjiā néng suíshí gēn nǐ liánluò shàng.

모두가 수시로 당신과 연락할 수 있도록 휴대 전화를 가지고 다녀야 합니다.

2 '**既**……**也(又)**……'는 병렬관계를 나타내는 접속사로 '……하고 (또)……하다'라는 의미를 뜻한다.

① 我希望自己**既**漂亮, **也(又)**有才华。

Wǒ xīwàng zìjǐ jì piàoliang, yě(yòu) yǒu cáihuá.

나는 내 자신이 아름답고 재능이 있기를 바랍니다.

② 和朋友一起旅行**既**安全, **也(又)**省钱。

Hé péngyou yìqǐ lǚxíng jì ānquán, yě(yòu) shěngqián.

친구와 함께 여행을 가면 안전하고 돈도 절약됩니다.

场景说明　朴美兰和李心爱上了火车，开始了她们的周末旅行……
　　　　　Piáo Měilán hé Lǐ Xīn'ài shàng le huǒchē, kāishǐ le tāmen de zhōumò lǚxíng……

朴美兰　火车旅行真不错！
　　　　Huǒchē lǚxíng zhēn búcuò!

李心爱　是啊，既省钱，又能好好儿欣赏外边的风景。
　　　　Shì a, jì shěngqián, yòu néng hǎohāor xīnshǎng wàibiān de fēngjǐng.

朴美兰　希望我们的旅行一路愉快！
　　　　Xīwàng wǒmen de lǚxíng yílù yúkuài!

李心爱　广播响了，在说什么呢？
　　　　Guǎngbō xiǎng le, zài shuō shénme ne?

朴美兰　好象是要查票吧。
　　　　Hǎoxiàng shì yào chápiào ba.

李心爱　那赶快把票准备好吧。
　　　　Nà gǎnkuài bǎ piào zhǔnbèi hǎo ba.

旅客朋友们，您的旅行和我们的服务工作同时开始了。

Lǚkè péngyoumen, nín de lǚxíng hé wǒmen de fúwù gōngzuò tóngshí kāishǐ le.

在这里，我们全体乘务员**向**您**问好**，并祝愿旅客旅行愉快，一路平安。

Zài zhèli, wǒmen quántǐ chéngwùyuán xiàng nín wènhǎo, bìng zhùyuàn lǚkè lǚxíng yúkuài, yílù píng'ān.

现在乘务员将开始查票。人们常说，**在家千般好，出门万事难**。查票过程中，如果您有什么困难和需要，请您提出来，乘务员将尽力为您解决。

Xiànzài chéngwùyuán jiāng kāishǐ chápiào. Rénmen cháng shuō, zàijiā qiānbān hǎo, chūmén wànshì nán. Chápiào guòchéng zhōng, rúguǒ nín yǒu shénme kùnnán hé xūyào, qǐng nín tí chūlai, chéngwùyuán jiāng jìnlì wèi nín jiějué.

为了改进我们的服务工作，每节车厢设有意见簿。

Wèile gǎijìn wǒmen de fúwù gōngzuò, měi jié chēxiāng shèyǒu yìjiànbù.

如果您对我们的工作**有**什么**意见**，尽管写在意见簿上，以便我们能够改进工作，并不断提高我们的服务质量。

Rúguǒ nín duì wǒmen de gōngzuò yǒu shénme yìjiàn, jǐnguǎn xiě zài yìjiànbù shàng, yǐbiàn wǒmen nénggòu gǎijìn gōngzuò, bìng búduàn tígāo wǒmen de fúwù zhìliàng.

欣赏 xīnshǎng 감상하다.

查票 chápiào 검표하다.

赶快 gǎnkuài 재빨리. 속히.

准备 zhǔnbèi 준비하다.

乘务员 chéngwùyuán 승무원.

尽力 jìnlì 온 힘을 [전력을] 다하다.

改进 gǎijìn 개선하다.

车厢 chēxiāng (열차·자동차 등의 사람·물건을 싣는) 객실. 화물칸. 트렁크.

意见簿 yìjiànbù 의견부. [의견을 구하기 위하여 준비해 놓은 책자]

不断 búduàn 계속해서. 부단히. 끊임없이.

1 '问好'는 '안부를 묻다'는 뜻을 나타낸다. '问好'는 종종 개사 '向'과 같이 호응하여 '向……问好'처럼 쓰인다는 것에 주의해야 한다.

① 我不习惯向陌生人问好。

Wǒ bù xíguàn xiàng mòshēngrén wènhǎo.

저는 낯선 사람에게 인사를 하는 것이 익숙하지 않습니다.

② 幼儿园老师经常低头弯腰向小朋友们问好。

Yòu'éryuán lǎoshī jīngcháng dītóu wānyāo xiàng xiǎopéngyoumen wènhǎo.

유치원 선생님은 종종 머리를 숙이고 허리를 굽혀서 꼬마친구들에게 인사를 합니다.

2 '在家千般好, 出门万事难'은 속담으로 '집에 있으면 모든 일이 다 쉽지만 밖에 나가면 만사가 어렵게 된다' 즉 '집을 떠나면 고생'이라는 뜻을 나타낸다.

① 到了国外, 一切都要小心。俗话说, "在家千般好, 出门万事难"。

Dào le guówài, yíqiè dōu yào xiǎoxīn. Súhuà shuō, "Zàijiā qiānbān hǎo, chūmén wànshì nán".

해외에 가면 모든 일에 조심해야 합니다. 속담에 "집에 있으면 모든 일이 수월하지만 집을 나서면 모든 일이 어렵게 된다."고 말했습니다.

② 到了中国以后, 我才真正明白了"在家千般好, 出门万事难"这句话。

Dào le Zhōngguó yǐhòu, wǒ cái zhēnzhèng míngbai le "Zàijiā qiānbān hǎo, chūmén wànshì nán" zhè jù huà.

중국에 도착한 후에야 "집에 있으면 모든 일이 수월하지만 집을 나서면 모든 일이 어렵게 된다"는 이 말을 실감하게 되었습니다.

3 '有意见'은 '의견이 있다'는 뜻을 나타내는 동사구이며, '有一点儿意见, 有什么意见'에서 보여준 것과 같이 '意见'에 대한 수식 성분이 있을 경우 이 수식 성분은 '有'와 '意见' 사이에 쓰인다. 그리고 '사람에게나 사건에 의견이 있다'고 표현하고자 할 때는 개사 '对'를 사용해서 '对……有(……)意见' 식으로 표현해야 한다. '有意见'의 부정 형식, 즉 '의견이 없다'고 전달하고자 할 때는 '没有意见'을 사용한다.

① 我对这次学生会长的选举结果有一点儿意见。

Wǒ duì zhè cì xuésheng huìzhǎng de xuǎnjǔ jiéguǒ yǒu yìdiǎnr yìjiàn.

저는 이번 학생회장 선거 결과에 대해 이의가 있습니다.

② 如果大家对老师的评分标准有意见, 请现在提出来。

Ruóguǒ dàjiā duì lǎoshī de píngfēn biāozhǔn yǒu yijiàn, qǐng xiànzài tí chūlai.

만일 여러분이 선생님의 채점기준에 이의가 있다면 지금 말씀해 주십시오.

场景说明 朴美兰和李心爱在火车上谈论旅行的目的地——苏州……

Piáo Měilán hé Lǐ Xīn'ài zài huǒchē shàng tánlùn lǚxíng de mùdìdì—Sūzhōu……

朴美兰 朋友们都说苏州是个拥有众多历史文化遗产的名城。

Péngyoumen dōu shuō Sūzhōu shì ge yōngyǒu zhòngduō lìshǐ wénhuà yíchǎn de míngchéng.

李心爱 我也听说"上有天堂,下有苏杭"。

Wǒ yě tīngshuō "shàng yǒu tiāntáng, xià yǒu SūHáng".

朴美兰 今天一定要好好儿欣赏苏州的美景!

Jīntiān yídìng yào hǎohāor xīnshǎng Sūzhōu de měijǐng!

李心爱 听,到站广播响了!

Tīng, dàozhàn guǎngbō xiǎng le!

朴美兰 是的,拿好行李,准备下车。

Shì de, náhǎo xíngli, zhǔnbèi xiàchē.

李心爱 哇~,就要见到美丽的苏州了!

Wā~, jiùyào jiàndào měilì de Sūzhōu le!

到站广播
Dàozhàn guǎngbō

旅客朋友们，列车运行前方到站是苏州车站。
Lǚkè péngyoumen, lièchē yùnxíng qiánfāng dàozhàn shì Sūzhōu chēzhàn.

下车与换车的旅客朋友，请整理好自己随身携带的物品，千万别忘在车上。
Xiàchē yǔ huànchē de lǚkè péngyou, qǐng zhěnglǐ hǎo zìjǐ suíshēn xiédài de wùpǐn, qiānwàn bié wàng zài chēshang.

不下车的旅客朋友，请看管好自己的物品，以免互相拿错。
Bú xiàchē de lǚkè péngyou, qǐng kānguǎn hǎo zìjǐ de wùpǐn, yǐmiǎn hùxiāng nácuò.

到站台上散步和或购买食品的旅客，请注意开车铃声，铃响请及时上车。
Dào zhàntái shàng sànbù huò gòumǎi shípǐn de lǚkè, qǐng zhùyì kāichē língshēng, líng xiǎng qǐng jíshí shàngchē.

为了保持站内的清洁卫生，停车时，请旅客朋友不要使用车内的厕所。
Wèile bǎochí zhàn nèi de qīngjié wèishēng, tíngchē shí, qǐng lǚkè péngyou búyào shǐyòng chē nèi de cèsuǒ.

》》 새 단어

列车 lièchē 열차.

运行 yùnxíng (차·열차·배·별 등이) 운행하다.

前方 qiánfāng (공간·위치적으로) 앞부분. 앞. 앞쪽.

苏州 Sūzhōu 소주(蘇州).

拿好 náhǎo (손으로) 잘 쥐다. 잘 잡다. 잘 가지다.

拿错 nácuò (손으로) 잘못 쥐다. 잘못 잡다. 잘못 가지다.

站台 zhàntái 플랫폼(platform).

注意 zhùyì 주의하다. 조심하다.

铃声 língshēng 벨소리.

清洁卫生 qīngjié wèishēng 위생 청결.

1 '及时'는 본문에서 부사어로 '제때에. 즉시. 신속히'라는 뜻으로 쓰인다. 그 외에 '及时'는 형용사로 '시기가 적절하다. 때가 맞다'라는 의미로도 표현된다.

① A. 这种病如不**及时**治疗, 会有生命危险的。

Zhè zhǒng bìng rú bù jíshí zhìliáo, huì yǒu shēngmìng wēixiǎn de.

이런 병은 제때에 치료받지 않으면 생명이 위험할 수 있습니다.

B. 昨天, 幸亏我们**及时**赶到机场, 要不然就坐不上飞机了。

Zuótiān, xìngkuī wǒmen jíshí gǎndào jīchǎng, yàoburán jiù zuòbushàng fēijī le.

어제 우리가 제 시간에 공항에 도착해서 다행이지 그렇지 않았다면 비행기를 타지 못했을 것입니다.

② A. 这场雨下得很**及时**, 因为农作物都快要枯死了。

Zhè chǎng yǔ xià de hěn jíshí, yīnwèi nóngzuòwù dōu kuàiyào kūsǐ le.

농작물이 시들어 죽으려고 할 때 때마침 비가 내렸습니다.

B. 你来得很**及时**, 我们正要准备出发呢。

Nǐ lái de hěn jíshí, wǒmen zhèngyào zhǔnbèi chūfā ne.

우리가 막 출발하려고 하는데 네가 때마침 왔어.

2 '保持'는 '(지속적으로) 유지하다. 지키다'는 뜻을 가리킨다. 이 동사가 수반할 수 있는 목적어는 두 가지가 있는데 하나는 체언성 목적어(명사성 목적어)이고, 또 하나는 용언성 목적어(형용사나 형용사구, 혹은 동사나 동사구)이다.

① A. 请**保持**室内卫生。

Qǐng bǎochí shìnèi wèishēng.

실내에서는 청결을 유지하십시오.

B. 我在大学里学习成绩一直**保持**着年组第一名的好成绩。

Wǒ zài dàxué lǐ xuéxí chéngjì yìzhí bǎochí zhe niánzǔ dì-yī míng de hǎo chéngjì.

저는 대학에서 학년 일등의 좋은 성적을 줄곧 유지했습니다.

② A. **保持**心理健康同**保持**肉体健康一样, 也非常重要。

Bǎochí xīnlǐ jiànkāng tóng bǎochí ròutǐ jiànkān yíyàng, yě fēicháng zhòngyào.

육체의 건강만큼 마음의 건강을 유지하는 것 또한 중요합니다.

B. 外语课上不要**保持**沉默。

Wàiyǔkè shàng búyào bǎochí chénmò.

외국어 수업 시간에 침묵해서는 안 됩니다.

연습문제

1. 다음 단어들을 어순에 맞게 배열해 보세요.

(1) 全体 / 祝愿 / 乘务人员 / 各位 / 愉快 / 旅行 / 旅客
  → (   )

(2) 苏州 / 朋友们 / 都 / 个 / 是 / 历史文化 / 古城 / 有名的 / 说
  → (   )

(3) 苏州 / 列车 / 前方 / 到站 / 是 / 车站 / 运行
  → (   )

(4) 停车 / 时 / 厕所 / 请 / 使用 / 旅客朋友 / 不要 / 车内 / 的
  → (   )

2. 한어병음을 보고 누가 한 말인지 선택해보시오.

(1) Qǐngwèn, zhè chē shì kāiwǎng Sūzhōu de ma?   → (   )

  ① 商店老板   ② 乘务员   ③ 旅客

(2) Lǚkè péngyoumen, huǒchē lǐ jìnzhǐ xīyān.   → (   )

  ① 乘务员   ② 朋友   ③ 旅客

3. 빈칸을 채우시오.

(1) 下车与换车的旅客朋友，请整理好自己随身携带的物品，_____别忘在车上。

(2) 如果您_____我们的工作有什么意见，尽管写在意见簿上。

(3) 为了_____站内的清洁卫生，停车时，请旅客朋友不要使用车内的厕所。

(4) 火车上禁止吸烟，所以_____稍有不便，_____请您不要吸烟。

4. 무엇을 빗대어서 표현한 것이지 알아 맞춰보시오.　　　　　　→ (　　　　　)

身子长长似条龙，
从头到尾节节通。
一日千里不歇脚，
运输线上日夜忙。

似 sì 마치 ……인 것 같다 (듯하다).
从头到尾 cóngtóu dàowěi 머리부터 발끝까지. 처음부터 끝까지.
歇脚 xiējiǎo 다리를 멈추고 쉬다. 잠시 머무르다.
运输线 yùnshūxiàn 수송선(輸送線).

03 体验中国文化

场景说明 学校组织外国留学生参观上海，体验中国文化……
Xuéxiào zǔzhī wàiguó liúxuéshēng cānguān Shànghǎi, tǐyàn Zhōngguó wénhuà……

老师 欢迎大家来上海留学。你们了解上海吗?
Huānyíng dàjiā lái Shànghǎi liúxué. Nǐmen liǎojiě Shànghǎi ma?

留学生1 听说上海是中国的经济、金融中心。
Tīngshuō Shànghǎi shì Zhōngguó de jīngjì、jīnróng zhōngxīn.

留学生2 听说上海是中国最发达的城市。
Tīngshuō Shànghǎi shì Zhōngguó zuì fādá de chéngshì.

老师 大家说的都很对。那你们想不想好好儿参观上海啊?
Dàjiā shuō de dōu hěn duì. Nà nǐmen xiǎngbuxiǎng hǎohǎor cānguān Shànghǎi a?

全体留学生 好啊，好啊!
Hǎo a, hǎo a!

老师 那我们首先去看看东方明珠广播电视塔吧!
Nà wǒmen shǒuxiān qù kànkan Dōngfāng Míngzhū Guǎngbō Diànshìtǎ ba!

东方明珠广播电视塔
Dōngfāng Míngzhū Guǎngbō Diànshìtǎ

上海东方明珠广播电视塔**坐落**在上海浦东陆家嘴。该塔高达468米，位居亚洲第一，世界第三。

Shànghǎi Dōngfāng Míngzhū Guǎngbō Diànshìtǎ zuòluò zài Shànghǎi Pǔdōng Lùjiāzuǐ. Gāi tǎ gāodá sìbǎi liùshí bā mǐ, wèijū Yàzhōu dì-yī, shìjiè dì-sān.

在259米观光层上有世界最高的空中邮局——东方明珠空中邮局，您可以在观光时为亲朋好友捎去最温馨的空中祝福。

Zài èrbǎi wǔshí jiǔ mǐ guānguāngcéng shàng yǒu shìjiè zuìgāo de kōngzhōng yóujú—Dōngfāng Míngzhū Kōngzhōng Yóujú, nín kěyǐ zài guānguāng shí wèi qīnpénghǎoyǒu shāoqù zuì wēnxīn de kōngzhōng zhùfú.

誉名中外的东方明珠空中旋转餐厅，坐落在上海东方明珠广播电视塔267米上球体，是亚洲最高的旋转餐厅。

Yùmíngzhōngwài de Dōngfāng Míngzhū kōngzhōng xuánzhuǎn cāntīng, zuòluò zài Shànghǎi Dōngfāng Míngzhū Guǎngbō Diànshìtǎ èrbǎi liùshí qī mǐ shàng qiútǐ, shì Yàzhōu zuìgāo de xuánzhuǎn cāntīng.

东方明珠塔**集**多种服务功能**于一身**，是上海标志性建筑和旅游热点之一。

Dōngfāng Míngzhūtǎ jí duōzhǒng fúwù gōngnéng yú yìshēn, shì Shànghǎi biāozhìxìng jiànzhù hé lǚyóu rèdiǎn zhīyī.

>> 새 단어

经济 jīngjì 경제.

金融 jīnróng 금융.

发达 fādá 발달하다.

参观 cānguān (전람회·공장·명승고적 등을) 참관하다. 견학하다. 시찰하다.

陆家嘴 Lùjiāzuǐ 육가취(陸家嘴)

捎 shāo 가는 김에 지니고 가다. 인편에 보내다.

温馨 wēnxīn 온화하고 향기롭다. 따스하다. 아늑하다.

誉名中外 yùmíngzhōngwài 명성이 국내외에 자자하다.

旋转 xuánzhuǎn 돌다. 회전하다. 선회하다.

标志性 biāozhìxìng 상징성. 랜드 마크(land mark).

1 '坐落'은 '(건물 등의 위치가) …… 곳에 위치하다'는 뜻을 나타낸다. '坐落'은 종종 개사 '在' 혹은 '于'와 결합하여 '坐落在'나 '坐落于'처럼 표현한다.

① 我们学校**坐落在**首尔的东边。

Wǒmen xuéxiào zuòluò zài Shǒu'ěr de dōngbiān.

우리 학교는 서울의 동쪽에 위치하고 있습니다.

② 大城贸易公司**坐落于**本市的经济开发区。

Dàchéng Màoyì Gōngsī zuòluò yú běn shì de jīngjìkāifāqū.

대성무역회사는 우리 시의 경제개발지역에 위치하고 있습니다.

2 '集……于一身'은 '……와 ……가 함께 있다', '……와 ……를 겸비하다.'는 뜻을 나타낸다.

① 没有几个人能**集**美貌和智慧**于一身**。

Méiyǒu jǐ ge rén néng jí měimào hé zhìhuì yú yìshēn.

미모와 지혜를 겸비한 사람은 몇 명 안 됩니다.

② 这种**集**多种功能**于一身**的手机非常畅销。

Zhè zhǒng jí duō zhǒng gōngnéng yú yìshēn de shǒujī fēicháng chàngxiāo.

이렇게 다양한 기능을 겸비한 휴대 전화는 아주 잘 팔립니다.

3 '是……之一'은 '……중의 하나이다'는 뜻을 나타낸다.

① 他是本地区本年度最杰出人物之一。

Tā shì běn dìqū běn niándù zuì jiéchū rénwù zhīyī.

그는 우리 지역에서 올해 가장 뛰어난 인물 중의 한 사람입니다.

② 她是我校去年优秀毕业生之一。

Tā shì wǒ xiào qùnián yōuxiù bìyèshēng zhīyī

그녀는 우리학교에서 작년 우수 졸업생 중의 한 명입니다.

场景说明　老师要带留学生们参观上海世博会展览馆……
Lǎoshī yào dài liúxuéshēngmen cānguān Shànghǎi Shìbóhuì Zhǎnlǎnguǎn……

老师　　大家都知道世博会吧?
Dàjiā dōu zhīdào Shìbóhuì ba?

留学生1　您说的是世界博览会吗?
Nín shuō de shì Shìjiè Bólǎnhuì ma?

老师　　是的。你们知道2010年的世博会是在哪儿举行的吗?
Shì de. Nǐmen zhīdào èr líng yī líng nián de Shìbóhuì shì zài nǎr jǔxíng de ma?

留学生2　我记得是在上海。
Wǒ jìde shì zài Shànghǎi.

老师　　没错! 现在我们就要去参观一下上海世博会展览馆。
Méi cuò! Xiànzài wǒmen jiùyào qù cānguān yíxià Shànghǎi Shìbóhuì Zhǎnlǎnguǎn.

全体留学生　太好了!
Tài hǎo le!

2010年的上海世博会
Èr líng yī líng nián de Shànghǎi Shìbóhuì

第41届世界博览会于2010年5月1日至10月31日期间在中国上海举行。
Dì-sìshí yī jiè Shìjiè Bólǎnhuì yú èr líng yī líng nián wǔ yuè yī rì zhì shí yuè sānshí yī rì qījiān zài Zhōngguó Shànghǎi jǔxíng.

中国2010年上海世博会的主题为"城市，让生活更美好"(Better City, Better Life)。
Zhōngguó èr líng yī líng nián Shànghǎi Shìbóhuì de zhǔtí wéi "Chéngshì, ràng shēnghuó gèng měihǎo."

会徽为三人合臂相拥的图形，既象征了美满幸福、相携同乐的三口之家，也象征了"你、我、他"的全人类。
Huìhuī wéi sān rén hébì xiāngyōng de túxíng, jì xiàngzhēng le měimǎn xìngfú, xiāngxié tónglè de sān kǒu zhī jiā, yě xiàngzhēng le "nǐ、wǒ、tā" de quán rénlèi.

世博会的吉祥物是"海宝"。
Shìbóhuì de jíxiángwù shì "Hǎibǎo".

海宝，以汉字"人"字为核心创意，海蓝色代表生命和活力。
Hǎibǎo, yǐ hànzì "rén" zì wéi héxīn chuàngyì, hǎilánsè dàibiǎo shēngmìng hé huólì.

它的欢笑，象征着中国积极乐观的精神面貌；
Tā de huānxiào, xiàngzhēng zhe Zhōngguó jījí lèguān de jīngshén miànmào;

它挺胸抬头的动作和双手的配合，象征着包容和热情；
Tā tǐngxiōng táitóu de dòngzuò hé shuāngshǒu de pèihé, xiàngzhēng zhe bāoróng hé rèqíng;

它翘起的大拇指，象征着对来自世界各地朋友们发出的真诚邀请。
Tā qiáoqǐ de dàmǔzhǐ, xiàngzhēng zhe duì láizì shìjiè gèdì péngyoumen fāchū de zhēnchéng yāoqǐng.

博览会 bólǎnhuì 엑스포(Expo). 박람회.

举行 jǔxíng 거행하다.

记得 jìde 기억하고 있다. 잊지 않고 있다.

会徽 huìhuī 휘장(徽章). 엠블럼(emblem). 차별화된 장식 마크.

合臂相拥 hébì xiāngyōng 팔을 합쳐 서로 부둥켜안다.

相携同乐 xiāngxié tónglè 서로 맞잡고 함께 즐거워하다.

吉祥物 jíxiángwù 마스코트(mascot).

核心 héxīn 핵심.

创意 chuàngyì 독창적인 견해. 창조적인 의견. 창의적인 구상.

欢笑 huānxiào 즐겁게 웃다.

积极乐观 jījí lèguān 적극적이고 낙관적이다.

精神面貌 jīngshén miànmào 정신 상태.

挺胸 tǐngxiōng 가슴을 쭉 펴다. 가슴을 내밀다.

配合 pèihé 협력하다. 공동으로 하다. 호응하다. 호흡을 맞추다.

包容 bāoróng 포용하다. 너그럽게 감싸다.

翘 qiáo (고개를) 치켜들다. 곧추세우다.

大拇指 dàmǔzhǐ 엄지손가락.

邀请 yāoqǐng 초청하다. 초대하다.

1 'A于 …… 在 …… V'는 서면어에서 많이 사용하는 구조로 'A는 언제(于
……) 어디서(在……) ……하다'는 뜻을 나타낸다.

① 运动会于昨日在首尔正式开始。

Yùndònghuì yú zuórì zài Shǒu'ěr zhèngshì kāishǐ.

운동회는 어제 서울에서 정식으로 시작했습니다.

② 他于1970年在北京出生。

Tā yú yī jiǔ qī líng nián zài Běijīng chūshēng.

그는 1970년 북경에서 태어났습니다.

2 '象征'은 '상징하다'와 같이 동사도 되고, '표지. 상징'과 같이 명사도 된다.
동사로 쓰일 경우, 문장의 구조는 'A象征B'와 같다.

① 五星红旗象征着中国。

Wǔxīnghóngqí xiàngzhēng zhe Zhōngguó.

오성홍기는 중국을 상징합니다.

② 太极旗是韩国的象征。

Tàijíqí shì Hánguó de xiàngzhēng.

태극기는 한국의 상징입니다.

场景说明 老师要带留学生们去体验上海的古典美……
Lǎoshī yào dài liúxuéshēngmen qù tǐyàn Shànghǎi de gǔdiǎnměi……

老师 你们觉得上海是一个什么样的城市?
Nǐmen juéde Shànghǎi shì yí ge shénmeyàng de chéngshì?

留学生1 我觉得上海是一个国际化城市。
Wǒ juéde Shànghǎi shì yí ge guójìhuà chéngshì.

留学生2 我觉得上海是一个经济发达的现代化城市。
Wǒ juéde Shànghǎi shì yí ge jīngjì fādá de xiàndàihuà chéngshì.

留学生3 老师, 听说上海也是一个古典美与现代美共存的城市,
是吗?
Lǎoshī, tīngshuō Shànghǎi yě shì yí ge gǔdiǎnměi yǔ xiàndàiměi gòngcún
de chéngshì, shì ma?

老师 是的。上海保留着很多优美典雅的古代建筑。
Shì de. Shànghǎi bǎoliú zhe hěn duō yōuměi diǎnyǎ de gǔdài jiànzhù.

今天大家就和老师一起去体验一下上海的古典美吧。
Jīntiān dàjiā jiù hé lǎoshī yìqǐ qù tǐyàn yíxià Shànghǎi de gǔdiǎnměi ba.

豫园
Yùyuán

豫园(Yu Garden)位于上海市的东北部，与城隍庙毗邻，是江
南古典园林。

Yùyuán wèiyú Shànghǎishì de dōngběi bù, yǔ Chénghuángmiào pílín, shì jiāngnán gǔdiǎn yuánlín.

豫园原是明代的一座私人园林，距今已有四百多年的历史了。

Yùyuán yuán shì Míngdài de yí zuò sīrén yuánlín, jùjīn yǐ yǒu sìbǎi duō nián de lìshǐ le.

"豫"有"平安"、"安泰"之意，取名"豫园"，有"豫悦老亲"的意思。

"Yù" yǒu "píng'ān"、"āntài" zhī yì, qǔmíng "Yùyuán", yǒu "yùyuè lǎoqīn" de yìsi.

豫园占地三十余亩，园内有亭台楼阁、假山、池塘等四十余处
古代建筑。

Yùyuán zhàndì sānshí yú mǔ, yuánnèi yǒu tíngtáilóugé、jiǎshān、chítáng děng sìshí yú chù gǔdài jiànzhù.

豫园在1961年开始对公众开放，园内是举办花展、灯会、书画
展等活动的主要场所。

Yùyuán zài yī jiǔ liù yī nián kāishǐ duì gōngzhòng kāifàng, yuánnèi shì jǔbàn huāzhǎn、dēnghuì、shūhuàzhǎn děng huódòng de zhǔyào chǎngsuǒ.

国际化 guójìhuà 국제화.

古典 gǔdiǎn 고전적.

建筑 jiànzhù 건축물.

体验 tǐyàn 체험(하다).

城隍庙 Chénghuángmiào 성황묘(城隍庙).

毗邻 pílín (지역이) 인접하다. 맞닿다. 접하다. 잇닿다.

安泰 āntài 평안하고 태평하다.

占地 zhàndì 토지를 점유하다.

亭台楼阁 tíngtáilóugé (공원·정원 등에 건조된) 정자·누대·누각 등.

假山 jiǎshān (정원에 만든) 석가산(石假山). 가산.

池塘 chítáng (비교적 작고 얕은) 못.

公众 gōngzhòng 대중.

花展 huāzhǎn 화훼 전시회. 꽃박람회.

灯会 dēnghuì (정월 대보름날 밤에 등롱을 구경하는) 연등회.

书画展 shūhuàzhǎn 서화전.

1　'**距今**'은 '지금으로부터 지나간 어느 때'를 나타낸다.

① 这座建筑**距今**已有五百年的历史了。
　 zhè zuò jiànzhù jùjīn yǐ yǒu wǔbǎi nián de lìshǐ le.

　 이 건축물은 지금으로부터 오백년의 역사를 갖추고 있습니다.

② 这件事**距今**已有很多年了。
　 Zhè jiàn shì jùjīn yǐ yǒu hěn duō nián le.

　 이 일은 지금으로부터 이미 오랜 세월이 흘렀습니다.

2　'**取名**'은 '이름을 짓다. 작명하다'를 나타내는 동사구로서 종종 'A(被)取名
　 (为/叫)B', '给A取名(为/叫)B'처럼 표현한다. '取名'은 또한 '取……名'
　 처럼 분리되어 사용할 수 있다.

① 我家养了一只小狗, 我给它**取名**为"美宝"。
　 Wǒ jiā yǎng le yì zhī xiǎo gǒu, wǒ gěi tā qǔmíng wéi "Měibǎo".

　 우리 집에서 강아지 한 마리를 키우게 됐는데, 난 그 강아지에게 "미보"라고
　 이름을 지어 주었습니다.

② 2010年上海世博会吉祥物被**取名**为"海宝"。
　 Èr líng yī líng nián Shànghǎi Shìbóhuì jíxiángwù bèi qǔmíng wéi "Hǎibǎo".

　 2010년 상해 엑스포의 마스코트는 "해보"라고 이름 지어졌다.

1. 다음의 단어를 정확한 순서대로 나열해보시오.

(1) 举行 / 2010年 / 的 / 在 / 上海 / 世界博览会

→ (   )

(2) 建筑 / 保留 / 着 / 很多 / 优美典雅 / 的 / 上海 / 古代

→ (   )

(3) 象征 / 着 / "海宝"的 / 欢笑 / 中国 / 积极乐观 / 精神面貌 / 的

→ (   )

(4) 上海 / 我 / 觉得 / 经济 / 是 / 发达 / 的 / 现代化 / 一个 / 城市

→ (   )

2. 한어병음을 보고 어디를 말하는지 선택해주시오.

(1) Tā yuán shì Míngdài de yí zuò sīrén yuánlín, jùjīn yǐ yǒu sìbǎi
duō nián de lìshǐ le.   → (   )

① 苏州园林   ② 豫园   ③ 圆明园

(2) Tā zuòluò zài Shànghǎi Pǔdōng Lùjiāzuǐ, gāodá sìbǎi liùshí bā
mǐ, wèijū Yàzhōu dì-yī, shìjiè dì-sān. → (   )

① 雷峰塔

② 东方明珠空中旋转餐厅

③ 上海东方明珠广播电视塔

3. 빈칸을 채우시오.

⑴ 上海世博会的会徽_____着美满幸福、相携同乐的三口之家。

⑵ 上海是一个古典美与现代美_____的城市。

⑶ 誉名_____的东方明珠空中旋转餐厅是亚洲最高的旋转餐厅。

⑷ 上海世博会的吉祥物是"_____"。

4. 笑话

记者: 骆驼，如果你有钱了，你想做什么?
骆驼: 如果我有钱了，我就先把驼背治好，再在沙漠里多安几个水龙头。

> **骆驼** luòtuo 낙타.
> **驼背** tuóbèi 등이 굽다.
> **沙漠** shāmò 사막.
> **水龙头** shuǐlóngtou 수도꼭지.

04 广告

场景说明 朴美兰在问李心爱减肥的方法……
Piáo Měilán zài wèn Lǐ Xīn'ài jiǎnféi de fāngfǎ……

朴美兰 你看我最近有什么变化吗?
Nǐ kàn wǒ zuìjìn yǒu shénme biànhuà ma?

李心爱 我看看, 好像比以前更圆润、更漂亮了。
Wǒ kànkan, hǎoxiàng bǐ yǐqián gèng yuánrùn、gèng piàoliang le.

朴美兰 漂亮什么呀! 我都胖了2公斤了!
Piàoliang shénme ya! Wǒ dōu pàng le liǎng gōngjīn le!

李心爱 你想减肥瘦身吗?
Nǐ xiǎng jiǎnféi shòushēn ma?

朴美兰 当然想啊。你有什么好方法吗?
Dāngrán xiǎng a. Nǐ yǒu shénme hǎo fāngfǎ ma?

李心爱 我看过一个减肥广告, 叫"飞燕减肥茶"。
Wǒ kàn guo yí ge jiǎnféi guǎnggào, jiào "Fēiyàn Jiǎnféichá".

飞燕减肥茶
Fēiyàn Jiǎnféichá

女人天天都想瘦, 想瘦肚子, 想瘦腿, 想瘦腰。
Nǚrén tiāntiān dōu xiǎng shòu, xiǎng shòu dùzi, xiǎng shòu tuǐ, xiǎng shòu yāo.

飞燕减肥茶, 轻松享"瘦", 草本组方。
Fēiyàn Jiǎnféichá, qīngsōng xiǎng "shòu", cǎoběn zǔfāng.

嗖地一下, 飞燕减肥茶, 不要太瘦哦!
Sōu de yí xià, Fēiyàn Jiǎnféichá, búyào tài shòu o!

快给你的肠子洗洗澡吧。
Kuài gěi nǐ de chángzi xǐxi zǎo ba.

天天喝天天瘦, 年轻貌美喝出来。
Tiāntiān hē tiāntiān shòu, niánqīng màoměi hē chūlai.

绿色天然, 瘦身更自然。
Lǜsè tiānrán, shòushēn gèng zìrán.

以前 yǐqián 예전. 이전. 과거.

胖 pàng (몸이) 뚱뚱하다.

减肥 jiǎnféi 살을 빼다. 감량하다.

圆润 yuánrùn 둥글반반하다. 생김새가 동그스름하고 반반하다.

飞燕减肥茶 Fēiyàn Jiǎnféichá 비연(飛燕) 다이어트 차.

瘦 shòu 마르다. 여위다.

草本 cǎoběn 초본(식물). 지상부가 연하고 물기가 많아 목질을 이루지 않는
식물을 통틀어 이르는 말.

组方 zǔfāng 조제하다.

嗖 sōu 씽. 휙. 쌩. [신속하게 지나가는 소리]

肠子 chángzi 장(腸). 창자.

年轻貌美 niánqīng màoměi 젊고 예쁘다.

≫ 구문 설명

1 '比'는 'A比B + 형용사 / 동사'와 같은 비교문에 사용되는 전치사로 '……보다'를 뜻한다. 비교문에서 형용사나 동사 앞에 '很'이나 '非常' 등 정도부사는 사용할 수 없고, '더욱, 더'를 나타내는 비교부사 '还'나 '更'만 사용할수 있다.

① 妹妹学习很好, 我比妹妹学习更好。

Mèimei xuéxí hěn hǎo, wǒ bǐ mèimei xuéxí gèng hǎo.

여동생은 공부를 잘하는데 나는 여동생보다 공부를 더 잘한다.

② 昨天天很冷, 今天比昨天还冷。

Zuótiān tiān hěn lěng, jīntiān bǐ zuótiān hái lěng.

어제는 날씨가 추웠는데 오늘은 어제보다 더 춥다.

2 '什么'는 '형용사1 / 동사1 + 什么 + (형용사1 / 동사1)'처럼 동사나 형용사뒤에 쓰여 '……지 않다', '……지 말라' 등과 같은 의미를 강조하여 나타낸다.

① 女儿: 我现在太困了, 先睡十分钟再写作业。

nǚér: Wǒ xiànzài tài kùn le, xiān shuì shí fēnzhōng zài xiě zuòyè.

딸: 난 지금 매우 피곤해서 먼저 십 분정도 자고 다시 숙제를 할게요.

妈妈: 睡什么(睡)? 赶紧写完再睡!

māma: Shuì shénme (shuì)? Gǎnjǐn xiě wán zài shuì!

엄마: 잠은 왜 자? 빨리 끝내고 자!

58

② 朋友1: 今天真是太谢谢你了!

péngyou yī: Jīntiān zhēnshì tài xièxie nǐ le!

친구1: 오늘 정말 너무 고마웠어.

朋友2: 谢什么(谢)! 都是老朋友了。

péngyou èr: Xiè shénme (xiè)! Dōushì lǎo péngyou le.

친구2: 고맙긴 뭘. 우린 오랜 친구잖아.

场景说明 朴美兰在向李心爱介绍电影《非诚勿扰》中的征婚启事……
Piáo Měilán zài xiàng Lǐ Xīn'ài jièshào diànyǐng《Fēichéng Wùrǎo》zhōng de
zhēnghūn qǐshì……

朴美兰 看过《非诚勿扰》这部电影吗?
Kàn guo《Fēichéng Wùrǎo》zhè bù diànyǐng ma?

李心爱 没看过，怎么样?
Méi kàn guo, zěnmeyàng?

朴美兰 很有意思，值得一看。
Hěn yǒuyìsi, zhíde yí kàn.

李心爱 你觉得哪个情节最有意思?
Nǐ juéde nǎ ge qíngjié zuì yǒuyìsi?

朴美兰 征婚启事那部分，语言很风趣。
Zhēnghūn qǐshì nà bùfen, yǔyán hěn fēngqù.

李心爱 那有时间我也要看一看。
Nà yǒu shíjiān wǒ yě yào kànyikàn.

征婚启事
Zhēnghūn Qǐshì

自我介绍一下，我岁数已经不小了，日子小康，抽烟不喝酒。
Zìwǒ jièshào yí xià, wǒ suìshù yǐjīng bù xiǎo le, rìzi xiǎokāng, chōuyān bù hējiǔ.

在国外生活了十几年，留学生身份出去的，没正经上过学。
Zài guówài shēnghuó le shí jǐ nián, liúxuéshēng shēnfèn chūqù de, méi zhèngjing shàng guo xué.

人品五五开，不算老实，**但天生胆小**。
Rénpǐn wǔwǔ kāi, búsuàn lǎoshi, dàn tiānshēng dǎnxiǎo.

硕士学历以上的免谈，企业家免谈，**省得**对我失望。
Shuòshì xuélì yǐshàng de miǎntán, qǐyèjiā miǎntán, shěngde duì wǒ shīwàng.

外表时尚，内心保守，身心都健康的一般人就行。但心眼儿别太多，岁数也别太小。
Wàibiǎo shíshàng, nèixīn bǎoshǒu, shēnxīn dōu jiànkāng de yìbānrén jiù xíng. Dàn xīnyǎnr bié tài duō, suìshù yě bié tài xiǎo.

有意者电联，非诚勿扰。
Yǒuyì zhě diàn lián, fēichéng wùrǎo.

非诚勿扰 Fēichéng Wùrǎo 비성물요(非诚勿擾). (If You Are The One)

值得 zhíde (일이) 의의가 있다. 필요성이 있다.

情节 qíngjié 줄거리. 플롯(plot).

征婚启事 zhēnghūn qǐshì 구혼광고.

风趣 fēngqù (말이나 글 등이) 유머러스하다. 해학적이다. 재미있다. 흥미롭다.

小康 xiǎokāng 먹고 살(지낼) 만한 경제 상황.

抽烟 chōuyān 담배(를) 피우다. 흡연하다.

正经 zhèngjing 행동이 거리낌 없이 아주 당당하고 떳떳하다. 어엿하다. 성실하다.

人品 rénpǐn 인품.

五五开 wǔwǔ kāi 반반이다. 5 : 5이다.

老实 lǎoshi 성실하다. 솔직하다. 정직하다.

硕士学历 shuòshì xuélì 석사학력.

免谈 miǎntán 말할 필요가 없다.

企业家 qǐyèjiā 기업가.

时尚 shíshàng 시대적 유행. 당시의 분위기. 시류.

保守 bǎoshǒu 보수적이다.

心眼儿 xīnyǎnr 생각. 계략. 속셈.

1 '但'은 전환 관계를 나타내는 접속사로 '그러나', '그런데'를 뜻하며 '但是'로 쓰이기도 한다.

① 我想选修汉语, **但**又担心学不好, 拿不到学分。

Wǒ xiǎng xuǎnxiū Hànyǔ, dàn yòu dānxīn xuébuhǎo, nábudào xuéfēn.

전 중국어를 선택하고 싶은데 공부를 잘하지 못해 학점을 받지 못할까봐 걱정됩니다.

② 我家虽然经济上不太富裕, **但**我父母还是支持我去中国留学。

Wǒ jiā suīrán jīngjì shàng bútài fùyù, dàn wǒ fùmǔ háishi zhīchí wǒ qù Zhōngguó liúxué.

우리 집은 비록 경제적으로 풍요롭지 않으나 부모님은 제가 중국으로 유학가기를 지지합니다.

2 '省得'은 '……하지 않도록', '……않기 위하여'를 뜻하며 구어에서 많이 쓰인다.

① 把头发吹干以后再睡觉, **省得**感冒。

Bǎ tóufa chuī gān yǐhòu zài shuìjiào, shěngde gǎnmào.

감기에 걸리지 않도록 머리를 말린 후 잠을 자야 합니다.

② 晚上少看点儿电视, 早点儿睡觉, **省得**明天早上起不来。

Wǎnshang shǎo kàn diǎnr diànshì, zǎo diǎnr shuìjiào, shěngde míngtiān zǎoshang qǐbulái.

내일 아침에 일찍 일어나기 위해서는 저녁에 TV를 적게 보고 일찍 자야합니다.

场景说明 朴美兰和李心爱想找中文家教，提高汉语水平……
Piáo Měilán hé Lǐ Xīn'ài xiǎng zhǎo Zhōngwén jiājiào, tígāo Hànyǔ shuǐpíng……

朴美兰 **真正学好一门外语太难了!**
Zhēnzhèng xué hǎo yì mén wàiyǔ tài nán le!

李心爱 **最近我也深有同感。**
Zuìjìn wǒ yě shēnyǒutónggǎn.

朴美兰 **我看很多外国留学生都在请中文家教。**
Wǒ kàn hěn duō wàiguó liúxuéshēng dōu zài qǐng Zhōngwén jiājiào.

李心爱 **那我们也请一个，怎么样?**
Nà wǒmen yě qǐng yí ge, zěnmeyàng?

朴美兰 **你看，那边的布告栏上贴着家教广告呢!**
Nǐ kàn, nàbiān de bùgàolán shàng tiē zhe jiājiào guǎnggào ne!

李心爱 **哇~ 我看这个家教挺不错的!**
Wā~ wǒ kàn zhè ge jiājiào tǐng búcuò de!

家教广告
Jiājiào guǎnggào

亲爱的外国朋友们，你们好!

Qīn'ài de wàiguó péngyoumen, nǐmen hǎo!

本人为中文系大三在校生，课余时间较多，想找一份家教工作。

Běnrén wéi Zhōngwénxì dàsān zàixiàoshēng, kèyú shíjiān jiào duō, xiǎng zhǎo yí fèn jiājiào gōngzuò.

如果你想提升自己的汉语水平，想说一口流利的汉语，想在中国畅行无阻，请速速跟我联系!

Rúguǒ nǐ xiǎng tíshēng zìjǐ de Hànyǔ shuǐpíng, xiǎng shuō yì kǒu liúlì de Hànyǔ, xiǎng zài Zhōngguó chàngxíngwúzǔ, qǐng sùsù gēn wǒ liánxì!

只要给我一份信任，我会让你在轻松快乐的氛围中爱上汉语，学好汉语!

Zhǐyào gěi wǒ yí fèn xìnrèn, wǒ huì ràng nǐ zài qīngsōng kuàilè de fēnwéi zhōng àishang Hànyǔ, xué hǎo Hànyǔ!

家教时间: 周一～周五下午五点以后，周六周日时间任选。长短期都可以!

Jiājiào shíjiān: zhōu yī～zhōuwǔ xiàwǔ wǔ diǎn yǐhòu, zhōuliù zhōurì shíjiān rènxuǎn. Chángduǎnqī dōu kěyǐ!

咨询电话: 136-1099-8888, 联系人: 吴恩书

Zīxún diànhuà: yāo sān liù-yāo líng jiǔ jiǔ-bā bā bā bā, liánxìrén: Wú Ēnshū

家教 jiājiào 과외교사.

布告栏 bùgàolán 공고판. 게시판.

课余 kèyú 방과 후.

流利 liúlì (말·문장이) 유창하다. 막힘이 없다.

速速 sùsù 신속히. 속속히.

联系 liánxì 연락하다. 연결하다.

信任 xìnrèn 신임하다. 신뢰하다. 믿고 맡기다.

氛围 fēnwéi 분위기.

畅行无阻 chàngxíngwúzǔ 거침없이(순조롭게) 통행하다.

任选 rènxuǎn 임의로 선택하다.

咨询 zīxún 자문하다. 상의하다. 의논하다.

》 구문 설명

1 '深有同感'은 '……에 깊이 동감(공감)하다'를 뜻하며 흔히 '对……深有同感'처럼 '对'와 호응하여 쓰인다.

① 在教育孩子方面, 我**对**他的意见**深有同感**。
Zài jiàoyù háizi fāngmiàn, wǒ duì tā de yìjiàn shēnyǒutónggǎn.
아이들의 교육에 있어 전 그의 의견에 깊이 동감합니다.

② 很多朋友认为网购的衣服常常不合身, **对**此, 我也**深有同感**。
Hěn duō péngyou rènwéi wǎnggòu de yīfu chángcháng bù héshēn, duìcǐ, wǒ yě shēnyǒutónggǎn.
많은 친구들이 인터넷에서 구매한 옷이 종종 몸에 맞지 않다고 하는데 저도 그것에 대해 깊이 공감합니다.

2 '如果'는 가정을 나타내는 접속사로 '만약'을 뜻하며 종종 '就'와 같이 호응하여 쓰인다.

① **如果**没有父母的大力支持, 我现在是不会在中国留学的。
Rúguǒ méiyǒu fùmǔ de dàlì zhīchí, wǒ xiànzài shì búhuì zài Zhōngguó liúxué de.
만일 부모님의 강력한 지지가 없었다면 전 지금 중국 유학을 할 수 없었을 겁니다.

② **如果**这次期末考试没考好, 假期我**就**不能和朋友去外地旅行了。
Rúguǒ zhè cì qīmò kǎoshì méi kǎohǎo, jiàqī wǒ jiù bùnéng hé péngyou qù wàidì lǚxíng le.
만일 이번 기말시험을 잘 못 본다면 방학동안 전 친구랑 타 지방으로 여행을 갈 수가 없을 것입니다.

3 '只要'는 '……하기만 하면'을 나타내는 접속사로 흔히 '就'나 '便' 등과 호응하여 쓰인다.

① **只要**肯付出时间和精力, **就**一定能学好外语。

Zhǐyào kěn fùchū shíjiān hé jīnglì, jiù yídìng néng xuéhǎo wàiyǔ.

시간과 노력을 들이기만 한다면 반드시 외국어를 잘 배울 수 있을 것입니다.

② **只要**明天不下雨, 我们**就**去春游。

Zhǐyào míngtiān bú xiàyǔ, wǒmen jiù qù chūnyóu.

내일 비가 오지 않기만 하면 우리는 봄나들이를 갈 것입니다.

연습문제

1. 다음 단어들을 어순에 맞게 배열해 보세요.

(1) 我看 / 留学生 / 外国 / 都 / 在 / 家教 / 中文 / 请 / 很多
→ (   )

(2) 快 / 你 / 肠子 / 的 / 洗洗 / 吧 / 澡 / 给
→ (   )

(3) 那边 / 贴着 / 的 / 家教 / 布告栏 / 上 / 广告 / 呢
→ (   )

(4) 外表 / 保守 / 时尚 / 健康 / 内心 / 身心 / 都 / 的 / 一般人 / 就行
→ (   )

2. 한어병음을 보고 무슨 광고인지 판단해주시오.

(1) Wǒ xiǎng zhǎo yí wèi shēnxīnjiànkāng、xīnyǎnr hǎo de niánqīng nǚxìng wéi bànlǚ.   → (   )

① 寻人广告   ② 家教广告   ③ 征婚广告

(2) Rúguǒ nǐ xiǎng tígāo Hànyǔ shuǐpíng, qǐng sùsù yǔ wǒ liánxì.   → (   )

① 家教广告   ② 征婚广告   ③ 招商广告

3. 빈칸을 채우시오.

(1) 你好像_____以前更圆润、更漂亮了。

(2) 真正学好一门外语_____难了!

(3) 我们赶紧出门吧, _____上学迟到。

(4) _____给我一份信任, 我会让你在轻松快乐的氛围中爱上汉语, 学好汉语!

4. 笑话

老师A: 昨天有个学生不洗脸就来上课, 我让他回家去了。
老师B: 好办法, 今天他肯定洗得干干净净来上学!
老师A: 哪里, 今天全班学生都不洗脸了。

| 洗脸 xǐliǎn 세수하다. 세면하다. 얼굴을 씻다.
| 肯定 kěndìng 확실히. 틀림없이. 의심할 여지없이.
| 干干净净 gānganjìngjìng 깨끗하다. 청결하다. 말끔하다.

05 住宾馆

场景 1
Chǎngjǐng yī

场景说明 旅游结束后，朴美兰和李心爱要找一家舒适的宾馆住……
Lǚyóu jiéshù hòu, Piáo Měilán hé Lǐ Xīn'ài yào zhǎo yì jiā shūshì de bīnguǎn
zhù……

朴美兰 游览了一天真累啊!
Yóulǎn le yì tiān zhēn lèi a!

李心爱 真想现在就躺在床上睡觉。
Zhēn xiǎng xiànzài jiù tǎng zài chuángshang shuìjiào.

朴美兰 晚上咱们得找一家舒适的宾馆住。
Wǎnshang zánmen děi zhǎo yì jiā shūshì de bīnguǎn zhù.

李心爱 你说得对，贵一点儿也没关系。
Nǐ shuō de duì, guì yìdiǎnr yě méiguānxi.

朴美兰 不仅要舒适，更要安全，干净。
Bùjǐn yào shūshì, gèng yào ānquán, gānjìng.

李心爱 那就去朋友们推荐的花园宾馆吧。
Nà jiù qù péngyoumen tuījiàn de Huāyuán Bīnguǎn ba.

花园宾馆
Huāyuán Bīnguǎn

花园宾馆**位于**城市的中心地段，是一家高品质中西合璧的最新型宾馆。

Huāyuán Bīnguǎn wèiyú chéngshì de zhōngxīn dìduàn, shì yì jiā gāo pǐnzhì zhōngxī hébì de zuì xīnxíng bīnguǎn.

客房时尚典雅，环境安静，服务周到，设施齐全。

Kèfáng shíshàng diǎnyǎ, huánjìng ānjìng, fúwù zhōudào, shèshī qíquán.

宾馆提供**全天候**热水、电视、宽带上网、电话、空调。

Bīnguǎn tígōng quántiānhòu rèshuǐ、diànshì、kuāndài shàngwǎng、diànhuà、kōngtiáo.

宾馆内可打羽毛球、高尔夫球，可以游泳，宾馆还拥有停车场、餐厅、会议室等辅助设施。

Bīnguǎn nèi kě dǎ yǔmáoqiú、gāo'ěrfūqiú, kěyǐ yóuyǒng, bīnguǎn hái yōngyǒu tíngchēchǎng、cāntīng、huìyìshì děng fǔzhù shèshī.

花园宾馆恭候您的光临!

Huāyuán Bīnguǎn gōnghòu nín de guānglín!

特别提示：

Tèbié tíshì：

房费只包含宾馆服务费，而**不包括**其它费用。

Fángfèi zhǐ bāohán bīnguǎn fúwùfèi, ér bù bāokuò qítā fèiyòng.

通常宾馆的入住时间为14：00，离开时间为次日正午12：00。如提前入住或推迟离开，均需酌情加收一定费用。

Tōngcháng bīnguǎn de rùzhù shíjiān wéi shísì diǎn, líkāi shíjiān wéi cìrì zhèngwǔ shí'èr diǎn. Rú tíqián rùzhù huò tuīchí líkāi, jūn xū zhuóqíng jiāshōu yídìng fèiyòng.

推荐 tuījiàn 추천하다. 천거하다. 소개하다.

中西合璧 zhōngxī hébì 중국과 서양의 장점을 융합하다.

新型 xīnxíng 신형의. 신식의.

典雅 diǎnyǎ 우아하다.

宽带上网 kuāndài shàngwǎng 광대역(廣帶域) 인터넷. 브로드밴드(broadband).

恭候 gōnghòu 삼가(공손히) 기다리다.

光临 guānglín 광림하다. (높이는 뜻으로) 남이 찾아오다.

提示 tíshì 도움말. 힌트.

房费 fángfèi 투숙비. 숙박료.

推迟 tuīchí 뒤로 미루다. 늦추다. 연기하다. 지연시키다.

酌情 zhuóqíng 사정(상황·형편)을 감안(참작)하다

➤➤ 구문 설명

1 '位于'는 종종 'A位于B'구조와 같이 쓰여 'A는 B에 위치하다'를 뜻한다.

① 韩国**位于**东亚韩半岛的南部。

Hánguó wèiyú Dōngyà Hán Bàndǎo de nánbù.

한국은 동아시아 한반도의 남쪽에 위치해 있습니다.

② 我们学校**位于**马场地铁站附近。

Wǒmen xuéxiào wèiyú Mǎchǎng dìtiězhàn fùjìn.

우리 학교는 지하철 마장역 부근에 위치해 있습니다.

2 '全天候'는 '(서비스 부서의) 24시간 연중무휴의. 전천후'를 나타낸다.

① 数字化时代, 政府能够为人民提供**全天候**服务。

Shùzìhuà shídài, zhèngfǔ nénggòu wèi rénmín tígōng quántiānhòu fúwù.

디지털 시대에는 정부가 인민을 위해 전천후의 서비스를 제공할 수 있습니다.

② 我们把拥有防风、防水、透气等各种性能的功能性服装称为**全天候**服装。

Wǒmen bǎ yōngyǒu fángfēng、fángshuǐ、tòuqì děng gèzhǒng xìngnéng de gōngnéngxìng fúzhuāng chēngwéi quántiānhòu fúzhuāng.

우리는 방풍, 방수, 통풍 등 각종 성능을 갖춘 기능성 의류를 전천후 의류라고 부릅니다.

3 '包括'은 '包含'과 같이 '포함하다'는 뜻을 나타내는데 뒤에 수반되는 목적어가 다르다. '包含'의 목적어는 '사물'일 뿐인 반면 '包括'의 목적어는 '사물과 사람' 두 가지가 있다.

① 房费里面**包括**上网费吗? (包含 ○)
Fángfèi lǐmian bāokuò shàngwǎngfèi ma?

숙박료 내에 인터넷 사용료가 포함되나요?

② **包括**奶奶在内, 我家一共有五口人。(包含 ×)
Bāokuò nǎinai zàinèi, wǒ jiā yígòng yǒu wǔ kǒu rén.

할머니를 포함해서 우리 가족은 모두 다섯 식구입니다.

场景说明 朴美兰和李心爱在谈论对花园宾馆的看法……
Piáo Měilán hé Lǐ Xīn'ài zài tánlùn duì Huāyuán Bīnguǎn de kànfǎ……

朴美兰 心爱，昨晚睡得还好吗？
Xīn'ài, zuówǎn shuì de hái hǎo ma?

李心爱 我睡得特别香，现在感觉状态非常好。
Wǒ shuì de tèbié xiāng, xiànzài gǎnjué zhuàngtài fēicháng hǎo.

朴美兰 这家宾馆真的很不错，**难怪**大家都强烈推荐。
Zhè jiā bīnguǎn zhēnde hěn búcuò, nánguài dàjiā dōu qiángliè tuījiàn.

李心爱 是啊，**不仅**设施齐全，**而且**服务热情周到。
Shì a, bùjǐn shèshī qíquán, érqiě fúwù rèqíng zhōudào.

朴美兰 下次有机会，我们还来这家宾馆住啊！
Xiàcì yǒu jīhuì, wǒmen hái lái zhè jiā bīnguǎn zhù a!

李心爱 好的。走之前，别忘了填写宾馆住宿意见书。
Hǎo de. Zǒu zhīqián, bié wàng le tiánxiě Bīnguǎn Zhùsù Yìjiànshū.

宾馆住宿意见书
Bīnguǎn zhùsù yìjiànshū

尊敬的宾客:
Zūnjìng de bīnkè:

　　欢迎下榻北京花园宾馆! 不断提高服务质量是我们的一贯宗旨, 请您拨冗填写此意见书。您的意见及建议对我们尤为重要。我们会以更好的服务期待您的再次光临!

　　Huānyíng xiàtà Běijīng Huāyuán Bīnguǎn! Búduàn tígāo fúwù zhìliàng shì wǒmen de yíguàn zōngzhǐ, qǐng nín bōrǒng tiánxiě cǐ yìjiànshū. Nín de yìjiàn jí jiànyì duì wǒmen yóuwéi zhòngyào, wǒmen huì yǐ gènghǎo de fúwù qídài nín de zàicì guānglín!

预定服务 Yùdìng fúwù

阁下之预定记录**是否**准确无误?
Géxià zhī yùdìng jìlù shìfǒu zhǔnquè wúwù?　　　　　　是 shì _____　　否 fǒu _____

意见 yìjiàn _____

前台及相关服务 Qiántái jí xiāngguān fúwù

下列服务是否让您满意, 请**予以**评估: Xiàliè fúwù shìfǒu ràng nín mǎnyì, qǐng yǔyǐ pínggū:

(优秀=5; 良好=4; 一般=3; 不满=2; 差劣=1)
(yōuxiù=wǔ; liánghǎo=sì; yìbān=sān; bùmǎn=èr; chàliè=yī)

接机服务 _____　　　礼宾服务 _____　　　停车服务 _____
jiējī fúwù　　　　　　　　　lǐbīn fúwù　　　　　　　　tíngchē fúwù

洗衣服务 _____　　　接线生 _____　　　酒店班车服务 _____
xǐyī fúwù　　　　　　　　　jiēxiànshēng　　　　　　　jiǔdiàn bānchē fúwù

健身中心 _____　　　商务中心 _____　　　保安员 _____
jiànshēn zhōngxīn　　　　　shāngwù zhōngxīn　　　　bǎo'ānyuán

意见 yìjiàn _____

客房服务 Kèfáng fúwù

1. 请阁下对下列服务项目予以评估:
   Qǐng géxià duì xiàliè fúwù xiàngmù yǔyǐ pínggū:

   (优秀=5; 良好=4; 一般=3; 不满=2; 差劣=1)
   (yōuxiù=wǔ; liánghǎo=sì; yìbān=sān; bùmǎn=èr; chàliè=yī)

   服务 fúwù _____　装饰 zhuāngshì _____　舒适 shūshì _____　清洁 qīngjié _____

   性价比 xìngjiàbǐ _____　　意见 yìjiàn _____

2. 阁下房间中是否有设施破损?
   Géxià fángjiān zhōng shìfǒu yǒu shèshī pòsǔn?　　　　是 shì _____　　否 fǒu _____

   如果有, 请列明 Rúguǒ yǒu, qǐng lièmíng _____

餐饮及娱乐设施 Cānyǐn jí yúlè shèshī

请对曾光顾的餐饮设施予以评估:
Qǐng duì céng guānggù de cānyǐn shèshī yǔyǐ pínggū:

(优秀=5; 良好=4; 一般=3; 不满=2; 差劣=1)
(yōuxiù=wǔ; liánghǎo=sì; yībān=sān; bùmǎn=èr; chàliè=yī)

饮食 yǐnshí _____ 服务效率 fúwù xiàolǜ _____ 服务态度 fúwù tàidù _____

意见 yìjiàn _____

概况 Gàikuàng

1. 阁下是否首次下榻敝酒店?   是 shì _____   否 fǒu_____
   Géxià shìfǒu shǒucì xiàtà bì jiǔdiàn?

2. 阁下每年到北京次数?   一年一次 yì nián yí cì _____ 其他 qítā _____
   Géxià měi nián dào Běijīng cìshù?

3. 阁下到北京之目的为?
   Géxià dào Běijīng zhī mùdì wéi?

   公务 gōngwù _____   度假 dùjià _____   开会 kāihuì _____   其他 qítā _____

4. 请阁下对敝酒店总体服务予以评估:
   Qǐng géxià duì bì jiǔdiàn zǒngtǐ fúwù yǔyǐ pínggū:

   优秀 yōuxiù _____   良好 liánghǎo _____   一般 yībān _____

   不满 bùmǎn _____   差劣 chàliè _____

5. 阁下如再来北京,是否会入住敝酒店?   是 shì _____ 否 fǒu _____
   Géxià rú zài lái Běijīng, shìfǒu huì rùzhù bì jiǔdiàn?

   如果是"否",请付意见 _____
   Rúguǒ shì "fǒu", qǐng fù yìjiàn

请填写下列资料或附上阁下的名片:
Qǐng tiánxiě xiàliè zīliào huò fùshang géxià de míngpiàn:

    贵客姓名 guìkè xìngmíng _____

    房间号码 fángjiān hàomǎ _____

    逗留日期 dòuliú rìqī _____

    公司名称 / 职衔 gōngsīmíngchēng / zhíxián _____

    地址 dìzhǐ _____

    电话 diànhuà _____

    传真 chuánzhēn_____

非常感谢阁下之宝贵意见,请把此意见书交予大堂经理。
Fēicháng gǎnxiè géxià zhī bǎoguì yìjiàn, qǐng bǎ cǐ yìjiànshū jiāoyú dàtáng jīnglǐ.

새 단어

下榻 xiàtà (여관·호텔 등에) 투숙하다.

拨冗 bōrǒng 바쁜 중에 시간을 내다.

一贯 yíguàn 한결같다. 일관되다. 변함없다.

宗旨 zōngzhǐ 취지. 목적. 의향.

预定 yùdìng 예정하다. 미리 약속하다.

阁下 géxià 귀하. 각하. 공경하는 뜻으로 부르는 칭호.

前台 qiántái 프런트(front). 호텔 현관의 계산대.

客房 kèfáng 객실. 손님을 거처하게 하거나 접대할 수 있도록 정해 놓은 방.

健身中心 jiànshēn zhōngxīn 헬스클럽(health club). 피트니스 센터(fitness center).

礼宾 lǐbīn 예의를 갖추어 손님을 접대하다.

接线生 jiēxiànshēng 교환원.

性价比 xìngjiàbǐ 가격 대비 성능. 가성비.

设施 shèshī 시설.

度假 dùjià 휴가를 보내다.

光顾 guānggù 애고(愛顧)하시다. 찾아 주시다.

概况 gàikuàng 개황. 대개의 상황. 대강의 형편과 모양.

敝 bì 저의. 말하는 이가 윗사람이나 그다지 가깝지 아니한 사람을 상대하여 자기를 낮추어 가리킴.

不满 bùmǎn 불만.

差劣 chàliè 나쁘다. 열등하다.

职衔 zhíxián 직함. 직무 따위의 이름.

传真 chuánzhēn 팩스(fax).

逗留 dòuliú (잠시) 머물다. 체류하다. 체재하다.

大堂经理 dàtáng jīnglǐ (호텔이나 식당 등의) 로비의 지배인.

》》 구문 설명

1 '难怪'는 문두에 쓰이는 부사로 '어쩐지. 과연. 그러기에'를 나타낸다.

① **难怪**你今天这么高兴, 原来是你男朋友来看你了。

Nánguài nǐ jīntiān zhème gāoxìng, yuánlái shì nǐ nánpéngyou lái kàn nǐ le.

어쩐지 네가 오늘 이렇게 기뻐하더니, 네 남자친구가 너를 보러 왔구나.

② 他每天都在图书馆里学到很晚, **难怪**他每次都考第一。

Tā měitiān dōu zài túshūguǎn lǐ xué dào hěn wǎn, nánguài tā měi cì dōu kǎo dì-yī.

그는 매일 도서관에서 밤늦게까지 공부를 하더니 어쩐지 매번 시험에서 일등을 하더라.

2 '不仅……而且……'는 '……할 뿐만 아니라, 또……'를 나타내는 접속사이다. 여기서의 '不仅'은 '不但'이나 '不只'로 쓰이기도 하고, '而且' 뒤에는 종종 '还'이 따라 쓰인다.

① 这件事**不仅**不怪你, **而且**我还要感谢你。

Zhè jiàn shì bùjǐn bú guài nǐ, érqiě wǒ háiyào gǎnxiè nǐ.

이 일은 당신을 탓할 수 없을 뿐만 아니라 오히려 나는 당신에게 감사하게 생각합니다.

② 我们在中国**不仅**学习汉语语法, **而且**还学习中国的历史和经济。

Wǒmen zài Zhōngguó bùjǐn xuéxí Hànyǔ yǔfǎ, érqiě hái xuéxí Zhōngguó de lìshǐ hé jīngjì.

우리는 중국에서 중국어 문법을 공부할 뿐만 아니라 중국의 역사와 경제도 공부합니다.

3 '是否'는 어기를 나타내는 부사로 '……인지 아닌지'를 뜻한다.

① 这次我**是否**还会得第一名呢?

Zhè cì wǒ shìfǒu hái huì dé dì-yī míng ne?

이번에도 제가 일등을 할 수 있을까요?

② 毕业后我**是否**会马上找到一份好工作呢?

Bìyè hòu wǒ shìfǒu huì mǎshàng zhǎodào yí fèn hǎo gōngzuò ne?

졸업 후 제가 곧장 좋은 일자리를 구할 수 있을까요?

4 '予以'는 '给予'나 '给以'와 같이 '……을(를) 주다'는 뜻을 나타낸다. '给予' 나 '给以'는 구어에서 많이 쓰인 반면 '予以'는 서면어에서 많이 쓰인다.

① 这次事件是真是假, 请老师**予以**核实。

Zhè cì shìjiàn shì zhēn shì jiǎ, qǐng lǎoshī yǔyǐ héshí.

이번 사건이 진짜인지 가짜인지 선생님께서 사실을 확인해 주십시오.

② 关于休学一事, 需要系主任**予以**批准。

Guānyú xiūxué yí shì, xūyào xìzhǔrèn yǔyǐ pīzhǔn.

휴학에 관한 일은 학과장이 승인을 해 주어야 합니다.

1. 다음의 단어를 정확한 순서대로 나열해보시오.

(1) 咱们 / 得 / 住 / 找 / 宾馆 / 一家 / 舒适的 / 晚上
→ (   )

(2) 提高 / 不断 / 我们的 / 服务质量 / 是 / 宗旨 / 一贯
→ (   )

(3) 服务 / 我们 / 会 / 以 / 更好的 / 光临 / 您的 / 再次 / 期待
→ (   )

(4) 大堂经理 / 请 / 把 / 意见书 / 此 / 交予
→ (   )

2. 한어병음을 보고 누가 한 말이지 판단해주시오.

(1) Wǒmen de fángfèi zhǐ bāohán bīnguǎn fúwùfèi, ér bù bāokuò qítā de fèiyòng.   → (   )

① 乘务员   ② 司机   ③ 宾馆服务人员

(2) Xiàcì yǒu jīhuì, wǒ hái xiǎng qù nà jiā bīnguǎn zhù. → (   )

① 宾馆客人   ② 大堂经理   ③ 门僮

3. 빈칸을 채우시오.

⑴ 你认为我说的_____正确?

⑵ 我们的服务是否让您满意,请_____评估。

⑶ _____奶奶在内,我家一共有五口人。

⑷ 学费里面_____注册费。

4. 笑话

房客对五星级酒店大厅经理说: 你们的房费那么贵, 就不能花点钱买
个质量好的钟表?

大厅经理: 我们酒店的钟表质量都是很好的。

房客: 好什么啊! 墙上的六个钟表, 没有两个时间是一样的!

钟表 zhōngbiǎo 시계.
大厅 dàtīng 대청. 홀. 로비.
墙 qiáng 담장. 벽. 울타리.

购物

场景说明 朴美兰和李心爱在逛街……
Piáo Měilán hé Lǐ Xīn'ài zài guàngjiē……

朴美兰 哇~，这条街可真热闹啊!
Wā~, zhè tiáo jiē kě zhēn rènao a!

李心爱 是啊，叫卖声此起彼伏的。
Shì a, jiàomàishēng cǐqǐbǐfú de.

朴美兰 很多商场好像都在搞促销大甩卖呢。
Hěn duō shāngchǎng hǎoxiàng dōu zài gǎo cùxiāo dà shuǎimài ne.

李心爱 难怪逛街的人这么多!
Nánguài guàngjiē de rén zhème duō!

朴美兰 那咱们也去瞧一瞧吧，看看有没有便宜货。
Nà zánmen yě qù qiáoyiqiáo ba, kànkan yǒumeiyǒu piányihuò.

李心爱 先去前面那家，那家在放促销广播呢。
Xiān qù qiánmiàn nà jiā, nà jiā zài fàng cùxiāo guǎngbō ne.

促销广播
Cùxiāo guǎngbō

走过的先生，路过的小姐，请注意:
Zǒuguò de xiānshēng, lùguò de xiǎojiě, qǐng zhùyì:

本店转季大清货。所有货物只求成本，不计利润。
Běn diàn zhuǎnjì dà qīnghuò. Suǒyǒu huòwù zhǐ qiú chéngběn, bújì lìrùn.

男装一律39元，女装一律59元。
Nánzhuāng yílù sānshí jiǔ yuán, nǚzhuāng yílù wǔshí jiǔ yuán.

货物有限，清完为止。
Huòwù yǒuxiàn, qīngwán wéizhǐ.

机不可失，时不再来。
Jībùkěshī, shíbúzàilái.

留下你的脚步，花上几分钟，省钱就**等于**赚钱。
Liú xià nǐ de jiǎobù, huāshang jǐ fēnzhōng, shěngqián jiù děngyú zhuànqián.

心动**不如**行动，赶快抢购吧!
Xīndòng bùrú xíngdòng, gǎnkuài qiǎnggòu ba!

购物 gòuwù 쇼핑(하다). 물건을 구입하다.

逛街 guàngjiē 거리를 구경하며 돌아다니다. 아이쇼핑(eye shopping)하다.

热闹 rènao 번화하다. 붐비다. 떠들썩하다.

叫卖声 jiàomàishēng 물건을 사라고 외치는 소리. 호객 소리.

此起彼伏 cǐqǐbǐfú 여기저기서 끊임없이 일어나다. 연이어 일어나다.

搞 gǎo 하다. 실시하다. 시행하다.

促销 cùxiāo 판촉(하다).

大甩卖 dà shuǎimài 헐값으로 막 팔아 치우다. 바겐세일.

便宜货 piányihuò 싸구려 물건.

清货 qīnghuò 재고를 정리하다.

成本 chéngběn 원가.

利润 lìrùn 이윤.

一律 yílǜ 일률적으로. 예외 없이. 모두. 깡그리. 전부.

省钱 shěngqián 돈을 아끼다. 돈을 절약하다. 돈이 절약되다.

心动 xīndòng 마음을 움직이다. 마음이 흔들리다.

抢购 qiǎnggòu 앞 다투어 구매하다.

≫ 구문 설명

1 '**机不可失, 时不再来**'는 자주 쓰이는 속담으로 '좋은 기회는 놓치면 다시 오지 않는다.'라는 뜻을 나타낸다.

① 这次上海研修你一定要参加, **机不可失, 时不再来**啊!

Zhè cì Shànghǎi yánxiū nǐ yídìng yào cānjiā, jībùkěshī, shíbúzàilái a!

이번 상해 연수에 너는 반드시 참가해야 해. 이번에 기회를 놓치면 다시는 오지 않아.

② 俗话说: "**机不可失, 时不再来。**"这件事你再好好儿考虑考虑。

Súhuà shuō: "jībùkěshī, shíbúzàilái." Zhè jiàn shì nǐ zài hǎohāor kǎolǜ kǎolǜ.

속담에 '좋은 기회는 놓치면 다시는 오지 않는다'고 하니 이번 일을 다시 잘 생각해 보렴.

2 '**等于**'는 '(수량이) ……와 같다. ……이나 다름없다. ……와 마찬가지이다.' 라는 뜻을 나타낸다.

① 浪费时间, **等于**慢性自杀。

Làngfèi shíjiān, děngyú mànxìng zìshā.

시간을 낭비하는 것은 만성적인 자살과 같다.(서서히 자신을 죽이는 것과 같다.)

② 说了却不做, **等于**白说。

Shuō le què bú zuò, děngyú bái shuō.

말만 하고 행하지 않으면 헛소리를 하는 것과 같다.

3 'A不如B'는 비교문으로 'A는 B만 못하다'라는 뜻을 나타낸다.

① 你还是买那件衣服吧，这件的样式**不如**那件时尚。

Nǐ háishi mǎi nà jiàn yīfu ba, zhè jiàn de yàngshì bùrú nà jiàn shíshàng.

너 그 옷을 사는 것이 더 좋을 것 같아. 이 옷이 그 옷 보다 맵시가 못한 것 같아.

② 百闻**不如**一见，今天总算知道你的厉害了!

Bǎiwén bùrú yíjiàn, jīntiān zǒngsuàn zhīdào nǐ de lìhài le!

백 번 듣는 것이 한 번 보는 것만 못하다는데 오늘 드디어 너의 대단함을 알게 되었어.

场景说明 朴美兰和李心爱要逛旗袍店……
Piáo Měilán hé Lǐ Xīn'ài yào guàng qípáodiàn……

朴美兰 中国的衣服看起来和韩国的差不多啊! 没有特别的吗?
Zhōngguó de yīfu kànqilái hé Hánguó de chàbuduō a! Méiyǒu tèbié de ma?

李心爱 看! 前面有一家旗袍店!
Kàn! Qiánmiàn yǒu yì jiā qípáodiàn!

朴美兰 快去看看, 我最喜欢中国的旗袍了!
Kuài qù kànkan, wǒ zuì xǐhuan Zhōngguó de qípáo le!

李心爱 我妈妈也是, 我要给她买一件时尚的旗袍带回去。
Wǒ māma yě shì, wǒ yào gěi tā mǎi yí jiàn shíshàng de qípáo dài huíqu.

朴美兰 关于旗袍, 我记得以前我还在网上调查过呢。
Guānyú qípáo, wǒ jìde yǐqián wǒ hái zài wǎngshang diàochá guò ne.

李心爱 是嘛, 那你快跟我说一说吧。
Shì ma, nà nǐ kuài gēn wǒ shuōyishuō ba.

旗袍
Qípáo

旗袍是中国和世界华人女性的传统服装。它形成于上个世纪20年代，其典型特征是右衽大襟，立领盘扣，侧摆开叉。

Qípáo shì Zhōngguó hé shìjiè huárén nǚxìng de chuántǒng fúzhuāng. Tā xíngchéng yú shàng ge shìjì èrshí niándài, qí diǎnxíng tèzhēng shì yòurèn dàjīn, lìlǐng pánkòu, cèbǎi kāichà.

随着人们审美情趣的变化，旗袍的样式也在不断地发生变化。

Suízhe rénmen shěnměi qíngqù de biànhuà, qípáo de yàngshì yě zài búduàn de fāshēng biànhuà.

旗袍的样式变化主要体现在襟、领、袖、裙摆等部位。

Qípáo de yàngshì biànhuà zhǔyào tǐxiàn zài jīn、lǐng、xiù、qúnbǎi děng bùwèi.

襟有圆襟、方襟、长襟等；领有上海领、元宝领、低领等；
袖子有宽袖型、窄袖型、长袖、中袖、短袖或无袖等；
裙摆除了长短变化，还增加了鱼尾形、波浪形等款式。

Jīn yǒu yuánjīn、fāngjīn、chángjīn děng; Lǐng yǒu Shànghǎilǐng、yuánbǎolǐng、dīlǐng děng; Xiùzi yǒu kuānxiùxíng、zhǎixiùxíng、chángxiù、zhōngxiù、duǎnxiù huò wúxiù děng; Qúnbǎi chúle chángduǎn biànhuà, hái zēngjiā le yúwěixíng、bōlàngxíng děng kuǎnshì.

1984年，旗袍被国务院指定为女性外交人员礼服。2011年，旗袍手工制作工艺成为国务院批准公布的第三批国家级非物质文化遗产之一。

Yī jiǔ bā sì nián, qípáo bèi guówùyuàn zhǐdìng wéi nǚxìng wàijiāo rényuán lǐfú. Èr líng yī yī nián, qípáo shǒugōng zhìzuò gōngyì chéngwéi guówùyuàn pīzhǔn gōngbù de dì-sān pī guójiājí fēiwùzhìwénhuàyíchǎn zhīyī.

时尚的 shíshàngde 최신 유행의.

调查 diàochá 조사(하다).

华人 huárén 중국인.

右衽大襟 yòurèn dàjīn 우여밈으로 매듭단추를 잠그는 상의 깃.

立领盘扣 lìlǐng pánkòu 옷깃을 세우고 매듭으로 여밈.

侧摆开叉 cèbǎi kāichà 옆트임.

审美情趣 shěnměi qíngqù 심미적 취향. 심미관. 아름다움을 살펴 찾는 관점.

襟 jīn 여밈. 옷섶.

袖 xiù 옷소매.

裙摆 qúnbǎi 치맛자락.

宽 kuān (폭·범위·면적·한도 따위가) 넓다.

窄 zhǎi (폭·범위·면적·한도 따위가) 좁다.

鱼尾形 yúwěixíng 물고기 꼬리 모양의. 피시 테일.

波浪形 bōlàngxíng 물결모양의. 웨이브가 있는.

款式 kuǎnshì 스타일. 디자인.

国务院 guówùyuàn 국무원.

非物质文化遗产 fēiwùzhìwénhuàyíchǎn 무형문화유산. 무형문화재.

1   '记得'은 '기억하고 있다. 잊지 않고 있다'를 뜻하는 동사이며, 뒤에 '你' 같은 명사성 목적어와 '按时吃药' 같은 동사성 목적어 두 가지를 수반할 수 있다.

① 吃完午饭以后, 要记得吃感冒药。

Chī wán wǔfàn yǐhòu, yào jìde chī gǎnmàoyào.

점심을 다 먹은 후 감기약 먹는 것을 꼭 기억해야 한다.

② 虽然过去了很多年, 但我还记得他。

Suīrán guòqù le hěn duō nián, dàn wǒ hái jìde tā.

비록 많은 해가 지났으나 난 여전히 그를 기억하고 있다.

2   '随着'은 '……에 따르다. ……따라서. ……뒤이어. ……에 따라'를 나타내며 뒤에 행위 변화의 조건을 이끌어낸다.

① 随着时间的流逝, 我们之间的友情越来越深厚了。

Suízhe shíjiān de liúshì, wǒmen zhījiān de yǒuqíng yuèláiyuè shēnhòu le.

시간이 흘러감에 따라 우리들의 우정도 갈수록 깊어졌다.

② 随着高考的临近, 很多学生开始焦虑不安。

Suízhe gāokǎo de línjìn, hěn duō xuésheng kāishǐ jiāolǜbù'ān.

대학 입시가 가까워짐에 따라 많은 학생들이 초조하고 불안해하기 시작했다.

场景说明 朴美兰看中了一件旗袍，但觉得很贵，李心爱让她和店员讲价……
Piáo Měilán kànzhòng le yí jiàn qípáo, dàn juéde hěn guì, Lǐ Xīn'ài ràng tā hé diànyuán jiǎngjià……

朴美兰 这件旗袍太漂亮了！我想买一件。
Zhè jiàn qípáo tài piàoliang le! Wǒ xiǎng mǎi yí jiàn.

李心爱 988元！哇~太贵了！
Jiǔbǎi bāshí bā yuán! Wā~tài guì le!

朴美兰 是啊，要是再便宜一点儿就好了。
Shì a, yàoshì zài piányi yìdiǎnr jiù hǎo le.

李心爱 那咱们跟店员讲讲价吧。
Nà zánmen gēn diànyuán jiǎngjiang jià ba.

朴美兰 听说讲价是需要一定技巧的，我不会啊。
Tīngshuō jiǎngjià shì xūyào yídìng jìqiǎo de, wǒ bú huì a.

李心爱 别担心，你看，这是我在网上找到的讲价技巧。
Bié dānxīn, nǐ kàn, zhè shì wǒ zài wǎngshang zhǎodào de jiǎngjià jìqiǎo.

讲价的技巧
Jiǎngjià de jìqiǎo

在中国，很多批发市场或者小商场等地方都可以讲价。如果懂得如下的讲价技巧，购物时就可以省下很多钱。
Zài Zhōngguó, hěn duō pīfā shìchǎng huòzhě xiǎo shāngchǎng děng dìfang dōu kěyǐ jiǎngjià. Rúguǒ dǒngde rúxià de jiǎngjià jìqiǎo, gòuwù shí jiù kěyǐ shěngxià hěn duō qián.

遇到喜欢的商品时要始终保持买不买无所谓的态度，不让店主看出你的喜好，否则他通常会报出较高的价格。
Yùdào xǐhuan de shāngpǐn shí yào shǐzhōng bǎochí mǎibumǎi wúsuǒwèi de tàidù, búràng diànzhǔ kànchū nǐ de xǐhào, fǒuzé tā tōngcháng huì bàochū jiào gāo de jiàgé.

看好一件商品，询问价格时，可先左顾右盼地看一些其他商品，然后对这些商品一起问价，表现出还没选好某件商品的样子。这样，店主为了让你买他的商品，一定会报出稍低一点的价格。
Kànhǎo yí jiàn shāngpǐn, xúnwèn jiàgé shí, kě xiān zuǒgùyòupàn de kàn yìxiē qítā shāngpǐn, ránhòu duì zhèxiē shāngpǐn yìqǐ wènjià, biǎoxiàn chū hái méi xuǎnhǎo mǒu jiàn shāngpǐn de yàngzi. Zhèyàng, diànzhǔ wèile ràng nǐ mǎi tā de shāngpǐn, yídìng huì bàochū shāo dī yìdiǎn de jiàgé.

当店主报出某一商品的价格以后，不要**急于**讨价还价。你只要说，我再转转看看，或者表达一下东西很贵，然后离开。**货比三家**后再回来讲价。
Dāng diànzhǔ bàochū mǒu yì shāngpǐn de jiàgé yǐhòu, búyào jíyú tǎojiàhuánjià. Nǐ zhǐyào shuō, wǒ zài zhuànzhuan kànkan, huòzhě biǎodá yíxià dōngxi hěn guì, ránhòu líkāi. Huòbǐsānjiā hòu zài huílai jiǎngjià.

要仔细查看商品的做工、样式、颜色等，尽量找出商品的缺陷，表现出不太满意的样子。这样，店主就不会把价格抬得过高。

Yào zǐxì chákàn shāngpǐn de zuògōng、yàngshì、yánsè děng, jǐnliàng zhǎochū shāngpǐn de quēxiàn, biǎoxiàn chū bútài mǎnyì de yàngzi. Zhèyàng, diànzhǔ jiù bú huì bǎ jiàgé tái de guò gāo.

与店主第一次砍价时一定要狠，可以直接把店主的要价砍掉一半。

Yǔ diànzhǔ dì-yī cì kǎnjià shí yídìng yào hěn, kěyǐ zhíjiē bǎ diànzhǔ de yàojià kǎndiào yíbàn.

讲价 jiǎngjià 홍정하다.

技巧 jìqiǎo 기교. 테크닉.

批发市场 pīfā shìchǎng 도매시장.

始终 shǐzhōng 시종. 처음부터 한결같이. 언제나.

无所谓 wúsuǒwèi 상관(관계) 없다. 아랑곳없다.

左顾右盼 zuǒgùyòupàn 사방을 살피다. 두리번거리다.

讨价还价 tǎojiàhuánjià 가격홍정. ('讨价'는 팔 사람이 부르는 값이며,
'还价'는 살 사람이 깎는 값임.)

做工 zuògōng 작업 솜씨. 가공 기술.

尽量 jǐnliàng 가능한 한. 될 수 있는 대로. 되도록. 최대한. 마음껏. 한껏.

缺陷 quēxiàn 결함. 결점. 허물.

砍价 kǎnjià 값을 깎다. 에누리하다.

狠 hěn 모질다. 잔인하다. 악독하다. 매섭다. 결연하다. 단호하다.

1 '急于'는 '서둘러······하려 하다. ······에 급급하다. ······하기 위해 급히 서두르다'를 나타내는 동사이며 뒤에 동사성 목적어를 수반한다.

① 学生就要努力学习, 而不要**急于**打工赚钱。

Xuésheng jiù yào nǔlì xuéxí, ěr búyào jíyú dǎgōng zhuànqián.

학생은 열심히 공부해야지 돈 버는데 급급해서 아르바이트를 하면 안 된다.

② 做事情不能**急于**求成, 要脚踏实地, 一步一个脚印。

Zuò shìqíng bùnéng jíyúqiúchéng, yào jiǎotàshídì, yí bù yí ge jiǎoyìn.

일을 할 때 너무 서둘러서 일을 끝내려 하지 말고 착실하게 매사에 빈틈없이 꼼꼼해야 한다.

2 '货比三家'는 관용어이며 '물건을 살 때는 여러 곳을 비교해야 한다.' 즉 '한도나 한계성을 정하다'를 뜻한다.

① 通过**货比三家**, 我发现还是这家商场的东西物美价廉。

Tōngguò huòbǐsānjiā, wǒ fāxiàn háishi zhè jiā shāngchǎng de dōngxi wùměijiàlián.

여러 집을 비교한 후 난 그래도 이 상점의 물건이 좋고 가격도 저렴함을 발견했다.

② 买东西时要切记, **货比三家**不吃亏。

Mǎi dōngxi shí yào qièjì, huòbǐsānjiā bù chīkuī.

물건을 살 때 여러 집을 비교해야 손해 보지 않음을 꼭 기억해야 한다.

연습문제

1. 다음 단어들을 어순에 맞게 배열해 보세요.

(1) 很多 / 在 / 都 / 中国 / 可以 / 小商场 / 讲价
→ (   )

(2) 商场 / 很多 / 都 / 在 / 搞 / 呢 / 大甩卖 / 促销
→ (   )

(3) 中国的衣服 / 韩国的 / 和 / 啊 / 差不多 / 看起来
→ (   )

(4) 的 / 部位 / 旗袍 / 样式变化 / 主要 / 在 / 襟 / 领 / 等 / 体现
→ (   )

2. 한어병음을 보고 관련된 사항을 고르십시오.

(1) Běn diàn zhuǎnjì dà qīnghuò. Suǒyǒu huòwù zhǐqiú chéngběn, bújì lìrùn.　　　→ (   )

① 顾客　　　　② 商场　　　　③ 空中小姐

(2) Zhè jiàn qípáo zhēn piàoliang, jiùshì tài guì le. Yàoshì zài piányi yìdiǎnr jiù hǎo le.　　　→ (   )

① 店员　　　　② 服务员　　　　③ 顾客

3. 빈칸을 채우시오.

(1) 本商场搞促销大甩卖。心动_____行动, 赶快抢购吧!

(2) 当你看中一件商品时, 不要马上就买。_____以后再买。

(3) 当店主报出某一商品的价格以后, 不要_____讨价还价。

(4) _____社会的发展, 人们对各个职业的看法有了很大变化。

4. 笑话

(商场搞促销活动, 全场商品八折销售。一位老太太看中一件厨具, 就和服务员讨价还价。)

老太太: 能不能再便宜一点?

服务员: 现在是八折销售, 已经很便宜了。

老太太: 再便宜一点儿吧, 九折行不行?

07 美发

场景 1
Chǎngjǐng yī

场景说明 朴美兰到美发店剪发……
Piáo Měilán dào měifàdiàn jiǎnfà……

美发师 **你好, 你想剪还是烫?**
Nǐhǎo, nǐ xiǎng jiǎn háishì tàng?

朴美兰 **我想剪发。**
Wǒ xiǎng jiǎnfà.

美发师 **有没有喜欢的发型?**
Yǒumeiyǒu xǐhuan de fàxíng?

朴美兰 **我想要这位明星的同款发型。**
Wǒ xiǎng yào zhè wèi míngxīng de tóngkuǎn fàxíng.

美发师 **刘海儿再短一些可能更好看。**
Liúhǎir zài duǎn yìxiē kěnéng gèng hǎokàn.

朴美兰 **可以, 您看着办。**
Kěyǐ, nín kànzhe bàn.

发型
Fàxíng

马尾 也叫"马尾辫儿"，因看起来像马的尾巴而得名。是将大部分头发往后梳，再用皮筋儿或其他装饰品扎起来的造型。

Mǎwěi Yě jiào "mǎwěi biànr", yīn kàn qǐlai xiàng mǎ de wěiba ér démíng. Shì jiāng dà bùfen tóufa wǎng hòu shū, zài yòng píjīnr huò qítā zhuāngshìpǐn zā qǐlai de zàoxíng.

丸子头 大多是在马尾的基础上，把头发拧成一股，盘成一个圆盘，然后用黑色的卡子固定。丸子头盘发的样式很多，有的可爱，有的高贵。

Wánzitóu Dàduō shì zài mǎwěi de jīchǔ shàng, bǎ tóufa níngchéng yì gǔ, pánchéng yí ge yuánpán, ránhòu yòng hēisè de qiǎzi gùdìng. Wánzi tóu pánfà de yàngshì hěn duō, yǒude kě'ài, yǒude gāoguì.

卷发 简单地说，S形的头发就叫卷发。卷发的类型有很多种，是男性女性都喜爱的时尚发型。

Juǎnfà Jiǎndān de shuō, S-xíng de tóufa jiù jiào juǎnfà. Juǎnfà de lèixíng yǒu hěn duō zhǒng, shì nánxìng nǚxìng dōu xǐ'ài de shíshàng fàxíng.

寸头 是一款常见的男士发型，头发的长度只有一寸。据说鉴定男士长得帅不帅，要看他敢不敢剪寸头，因为寸头发型的头发很短，可以更好地展示出五官。

Cùntóu Shì yì kuǎn chángjiàn de nánshì fàxíng, tóufa de chángdù zhǐyǒu yí cùn. Jùshuō jiàndìng nánshì zhǎng de shuàibushuài, yào kàn tā gǎnbugǎn jiǎn cùntóu, yīnwèi cùntóu fàxíng de tóufa hěn duǎn, kěyǐ gèng hǎo de zhǎnshì chū wǔguān.

剪 jiǎn 자르다. 깎다.

烫 tàng (머리를) 파마하다.

发型 fàxíng 헤어스타일.

同款 tóngkuǎn 같은 스타일.

刘海儿 liúhǎir 앞머리.

看着办 kànzhe bàn 알아서(처리) 하다.

马尾辫儿 mǎwěibiànr 말총머리(포니테일).

梳 shū 머리를 쪽지다. 머리를 틀다. 땋아서 틀어 올리다.

皮筋儿 píjīnr 고무줄.

扎 zā 묶다. 매다. 동이다.

造型 zàoxíng 만들어 낸 물체의 형상. 이미지. 스타일.

丸子头 wánzitóu 똥머리. 당고머리.

拧成一股 níngchéng yì gǔ 하나로 꼬다(뭉치다).

圆盘 yuánpán 원반.

卡子 qiǎzi 핀. 집게.

固定 gùdìng 고정하다(시키다).

卷发 juǎnfà 고수(곱슬)머리. 양머리.

寸头 cùntóu 깍두기머리. 스포츠머리.

据说 jùshuō 말하는 바에 의하면. 듣건대.

鉴定 jiàndìng 평가하여 결정하다.

敢 gǎn 감히 …… 하다.

展示 zhǎnshì 드러내다. 나타내 보이다.

五官 wǔguān 용모. 생김새.

≫ 구문 설명

1 '把'자문은 'A把B + V + 기타성분'과 같은 구조를 가진 특수 문형으로 'A가 특정된 목적어B에게 동작V를 가해서 그 동작으로 인해 어떤 결과가 나타 나게 한다.'는 의미이다. '把'자문에서 동작과 동작의 실행에 의해 나타난 결과 'V + 기타성분' 전체는 문장의 초점이다.

① 大风**把**雨伞吹坏了。

　　Dàfēng bǎ yǔsǎn chuīhuài le.

　　강한 바람이 불어 우산이 망가졌다.

② 妹妹**把**饺子吃光了。

　　Mèimèi bǎ jiǎozi chīguāng le.

　　여동생이 만두를 다 먹어 치웠다.

2 "将"자문은 의미와 용법 등 측면에서 "把"자문과 같으나 "把"자문에 비해 "将"자문은 좀 더 문어체적인 표현이다.

① 任何人不得**将**国有资产据为己有。

　　Rènhé rén bùdé jiāng guóyǒu zīchǎn jùwéijǐyǒu.

　　어떤 사람이든지 국유재산을 자기 것으로 소유해서는 안 된다.

② 上下齐心, **将**改革进行到底!

　　Shàngxiàqíxīn, jiāng gǎigé jìnxíng dàodǐ!

　　모두가 한마음으로 개혁을 끝까지 진행하자.

场景说明 朴美兰剪了短发……
　　　　Piáo Měilán jiǎn le duǎnfà……

朴美兰　心爱，我的新发型好看吗？
　　　　Xīn'ài, wǒ de xīn fàxíng hǎokàn ma?

李心爱　还行，就是太短了，还不习惯。
　　　　Háixíng, jiùshì tài duǎn le, hái bù xíguàn.

朴美兰　中国朋友也这么说，还问我是不是失恋了。
　　　　Zhōngguó péngyou yě zhème shuō, hái wèn wǒ shìbushì shīliàn le.

李心爱　剪短发跟失恋有关系吗？
　　　　Jiǎn duǎnfà gēn shīliàn yǒu guānxi ma?

朴美兰　听说是"一刀两断"、"从头开始"的意思。
　　　　Tīngshuō shì "yìdāoliǎngduàn"、"cóngtóukāishǐ" de yìsi.

李心爱　哦，有意思。
　　　　Ò, yǒuyìsi.

梁咏琪《短发》歌词节选
Liáng Yǒngqí《Duǎnfà》gēcí jiéxuǎn

我已剪短我的发 剪断了牵挂
Wǒ yǐ jiǎnduǎn wǒ de fà jiǎnduàn le qiānguà

剪一地不被爱的分岔
jiǎn yídì bú bèi ài de fēnchà

长长短短 短短长长
chángcháng duǎnduǎn duǎnduǎn chángcháng

一寸 一寸 在挣扎
yí cùn yí cùn zài zhēngzhá

我已剪短我的发 剪断了惩罚
Wǒ yǐ jiǎnduǎn wǒ de fà jiǎnduàn le chéngfá

剪一地伤透我的尴尬
jiǎn yídì shāngtòu wǒ de gāngà

反反覆覆 清清楚楚
fǎnfǎn fùfù qīngqīng chǔchǔ

一刀两断 你的情话 你的谎话
yìdāoliǎngduàn nǐ de qínghuà nǐ de huǎnghuà

短发 duǎnfà 단발. 짧은 머리. 쇼트커트.

失恋 shīliàn 실연(하다).

一刀两断 yìdāoliǎngduàn 한 칼에 두 동강이를 내다. 명확히 매듭을 짓다. 단호하게 관계를 끊다.

歌词 gēcí 노래가사.

节选 jiéxuǎn 문장 일부를 뽑다. 발췌(하다).

剪断 jiǎnduàn (가위로) 잘라 끊다. (생각을) 끊다.

牵挂 qiānguà 걱정(하다). 근심하다.

分岔(分叉) fēnchà 모발이 상하여 끝이 여러 갈래로 갈라지다.

挣扎 zhēngzhá 발버둥 치다. 힘써 버티다(지탱하다).

惩罚 chéngfá 징벌(하다).

伤透 shāngtòu (마음이) 상하다.

情话 qínghuà 사랑의 속삭임. 진심어린 말.

谎话 huǎnghuà 거짓말.

≫ 구문 설명

1 '尴尬'는 형용사이며 '입장이 곤란하다. 난처하다'를 뜻한다.

① 他演讲时突然忘词儿了，非常**尴尬**。
　　Tā yǎnjiǎng shí tūrán wàng cír le, fēicháng gāngà.

　　그는 강연할 때 갑자기 대사가 생각나지 않아 아주 난감해 했다.

② 这是一顿**尴尬**的午餐，我们都没有说话。
　　Zhè shì yí dùn gāngà de wǔcān, wǒmen dōu méiyou shuōhuà.

　　이것은 한 끼의 난처한 점심이라 우리는 모두 말이 없었다.

2 '清清楚楚'는 형용사 '清楚'의 중첩형식으로 '분명하다. 또렷하다.'를 의미한다. '清楚'에 비해 중첩형식 '清清楚楚'는 '분명하다'의 정도가 더욱 심하고 묘사 효과가 더 생동감이 있음을 나타낸다. 주의할 것은 '清楚'와 달리 '清清楚楚'는 정도부사와 같이 쓰이지 못한다.

① 这件事我已经了解得**清清楚楚**。
　　Zhè jiàn shì wǒ yǐjīng liǎojiě de qīngqīng chǔchǔ.

　　이 일에 대해 난 이미 분명하게 알고 있었다.

② 他们虽然是一家人，但在财务上分得**清清楚楚**。
　　Tāmen suīrán shì yì jiā rén, dàn zài cáiwù shàng fēn de qīngqīng chǔchǔ.

　　그들은 비록 한 가족이지만 재무적으로는 분명하게 나뉘어 있다.

场景说明　朴美兰和李心爱在讨论染发的问题……
　　　　　Piáo Měilán hé Lǐ Xīn'ài zài tǎolùn rǎnfà de wèntí……

朴美兰　我想把头染成白色或绿色。
　　　　Wǒ xiǎng bǎ tóu rǎnchéng báisè huò lǜsè.

李心爱　太夸张了吧？
　　　　Tài kuāzhāng le ba?

朴美兰　我故意染成这样给妈妈看。
　　　　Wǒ gùyì rǎnchéng zhèyàng gěi māma kàn.

李心爱　为什么呢？
　　　　Wèishénme ne?

朴美兰　因为在韩国的时候，妈妈不让我染。
　　　　Yīnwèi zài Hánguó de shíhou, māma búràng wǒ rǎn.

李心爱　我怕你下个月就没有生活费了……
　　　　Wǒ pà nǐ xià ge yuè jiù méiyǒu shēnghuófèi le……

美发店的基本服务项目
Měifàdiàn de jīběn fúwù xiàngmù

剪发 口语也说"剪头"，根据要求将头发修剪成适当的样式，
这是美发的基础。
Jiǎnfà Kǒuyǔ yě shuō "jiǎntóu", gēnjù yāoqiú jiāng tóufa xiūjiǎn chéng shìdàng
de yàngshì, zhè shì měifà de jīchǔ.

洗头 **使头发清洁，为梳理、造型创造条件。**
Xǐtóu Shǐ tóufa qīngjié, wèi shūlǐ、zàoxíng chuàngzào tiáojiàn.

刮脸 又称修面，洗头后用剃刀刮去脸上的汗毛和胡须，这是
理男发的一道工序。
Guāliǎn Yòu chēng xiūmiàn, xǐtóu hòu yòng tìdāo guāqù liǎnshang de hànmáo
hé húxū, zhè shì lǐ nán fà de yí dào gōngxù.

吹风 把洗净的头发吹干，并制作各种发型，这是美发的最后
一道工序。
Chuīfēng Bǎ xǐjìng de tóufa chuīgàn, bìng zhìzuò gèzhǒng fàxíng, zhè shì měifà
de zuìhòu yí dào gōngxù.

烫发 口语也说"烫头"，使头发卷曲或伸直，以增加美感。
Tàngfà Kǒuyǔ yě shuō "tàngtóu", shǐ tóufa juǎnqū huò shēnzhí, yǐ zēngjiā měigǎn.

做发 口语也说"做头"，一般是将烫过的头发进行盘卷，梳理
加工，做成各种发型。
Zuòfà Kǒuyǔ yě shuō "zuòtóu", yìbān shì jiāng tàng guo de tóufa jìnxíng
pánjuǎn, shūlǐ jiāgōng, zuòchéng gèzhǒng fàxíng.

染发　口语也说"染头"，通过涂染剂、干燥、冲洗等工序，使顾
　　　客头发改变色彩。

Rǎnfà　Kǒuyǔ yě shuō "rǎntóu", tōngguò tú rǎnjì, gānzào, chōngxǐ děng gōngxù,
　　　shǐ gùkè tóufa gǎibiàn sècǎi.

假发　根据要求用人工制成的发制品掩盖原有的头发。

Jiǎfà　Gēnjù yāoqiú yòng réngōng zhìchéng de fàzhìpǐn yǎngài yuányǒu de
　　　tóufa.

새 단어

染发 rǎnfà 머리를 염색하다. 머리에 물들이다.

夸张 kuāzhāng 과장하다. 사실보다 지나치게 불려서 나타내다.

故意 gùyì 일부러. 고의로.

怕 pà 걱정이 되다.

适当 shìdàng 적당하다. 적절하다. 알맞다.

梳理 shūlǐ 빗질하다.

刮脸 guāliǎn 면도(하다).

剃刀 tìdāo 면도칼.

汗毛 hànmáo 솜털.

胡须 húxū 수염.

一道工序 yí dào gōngxù 하나의 작업 단계. 한 공정.

吹风 chuīfēng 헤어드라이어로 머리를 말리다.

卷曲 juǎnqū 곱슬곱슬하다.

伸直 shēnzhí 곧게 펴다.

做发 zuòfà 헤어 세팅. 파마할 때 머리카락을 마는 일.

涂染剂 tú rǎnjì 염색약을 바르다.

干燥 gānzào 건조하다. 말리다.

冲洗 chōngxǐ 물로 씻어 내다. 헹구다.

掩盖 yǎngài 덮어씌우다.

≫ 구문 설명

1 '使'자문은 'A使B~'와 같은 문형을 지칭하며 'A의 어떤 역할이나 영향으로 인해 B에게 어떤 결과나 변화를 가져오다'라는 의미를 나타낸다.

① 过分骄傲会使人愚钝。

　Guòfèn jiāo'ào huì shǐ rén yúdùn.

　지나친 교만은 사람을 어리석게 만든다.

② 为了使论文更有深度, 他做了大量调查。

　Wèile shǐ lùnwén gèng yǒu shēndù, tā zuò le dàliàng diàochá.

　논문을 더욱 더 깊이 있게 쓰기 위하여 그는 많은 조사를 하였다.

연습문제

1. 다음 단어들을 어순에 맞게 배열해 보세요.

(1) 要 / 想 / 我 / 明星 / 这位 / 的 / 发型 / 同款

→ ( )

(2) 是 / 男士 / 的 / 常见 / 一款 / 寸头 / 发型

→ ( )

(3) 怕 / 生活费 / 下个月 / 我 / 没有 / 你 / 就 / 了

→ ( )

(4) 妈妈 / 不 / 在 / 染发 / 让 / 时候 / 韩国 / 的 / 我

→ ( )

2. 한어병음을 보고 누구와 누구의 대화인지 판단해주시오.

(1) 가: Nínhǎo, nín xǐhuan shénme fàxíng?

나: Tiān tài rè le, jiǎnduǎn yìxiē jiù hǎo.　　　→ ( )

① 服务员和顾客　　② 老师和学生　　③ 美发师和顾客

(2) 가: Érzi, shēnghuófèi gòubugòu?

나: Gòu le, wǒ háiyǒu jiǎngxuéjīn ne.　　　→ ( )

① 母子　　② 师生　　③ 同学

114

3. 빈칸을 채우시오.

(1) 马尾，因看起来像马的尾巴而_____。

(2) 丸子头盘发的样式很多，_____可爱，_____高贵。

(3) 据说鉴定男士长得帅不帅，要看他_____不_____剪寸头。

(4) 吹风是美发的最后_____工序。

4. 笑话

A: 我烫头了。
B: 没看出来啊，这是自然烫吗？
A: 刚才洗头，被热水烫了。

> 烫 tàng (뜨거운 물에) 데우다.
> 自然烫 zìrántàng 내추럴 파마.

NOTE

08 饮食

场景说明 朴美兰和李心爱在谈论饮食……
Piáo Měilán hé Lǐ Xīn'ài zài tánlùn yǐnshí……

朴美兰 心爱，想不想吃湘菜？
Xīn'ài, xiǎngbuxiǎng chī xiāngcài?

李心爱 香菜？我不太喜欢，味道很奇怪。
Xiāngcài? Wǒ bútài xǐhuan, wèidao hěn qíguài.

朴美兰 我说的"湘"不是"香水"的"香"，是湖南省的简称——"湘"。
Wǒ shuō de "xiāng" bú shì "xiāngshuǐ" de "xiāng", shì Húnán shěng de jiǎnchēng—"Xiāng".

李心爱 啊，原来是八大菜系之一的湘菜!
Ā, yuánlái shì bā dà càixì zhīyī de xiāngcài!

朴美兰 对啊，市内有一家有名的湘菜馆，正在搞优惠活动呢。
Duì a, shìnèi yǒu yì jiā yǒumíng de xiāngcài guǎn, zhèngzài gǎo yōuhuì huódòng ne.

李心爱 那咱们快去尝尝吧。
Nà zánmen kuài qù chángchang ba.

中国四大菜系和八大菜系
Zhōngguó sì dà càixì hé bā dà càixì

中国的菜肴**因**各地气候、习俗和物产的不同**而**具有不同的地方风味，经过漫长的历史演变和烹饪技艺的进化，形成了社会公认的四大菜系、八大菜系。菜系流派还有继续增加的趋势。

Zhōngguó de càiyáo yīn gèdì qìhou, xísú hé wùchǎn de bùtóng ér jùyǒu bùtóng de dìfāng fēngwèi, jīngguò màncháng de lìshǐ yǎnbiàn hé pēngrèn jìyì de jìnhuà, xíngchéng le shèhuì gōngrèn de sì dà càixì, bā dà càixì. Càixì liúpài hái yǒu jìxù zēngjiā de qūshì.

鲁、川、粤、苏菜合称四大菜系。四大菜系形成较早，后来，苏菜分化为苏菜、浙菜和徽菜，粤菜分化为粤菜和闽菜，川菜分化为川菜和湘菜，鲁菜、川菜、粤菜、苏菜、浙菜、闽菜、湘菜、徽菜合称八大菜系。

Lǔ, chuān, yuè, sūcài héchēng sì dà càixì. Sì dà càixì xíngchéng jiào zǎo, hòulái, sūcài fēnhuà wéi sūcài, zhècài hé huīcài, yuècài fēnhuà wéi yuècài hé mǐncài, chuāncài fēnhuà wéi chuāncài hé xiāngcài, lǔcài, chuāncài, yuècài, sūcài, zhècài, mǐncài, xiāngcài, huīcài héchēng bā dà càixì.

每个菜系都有悠久的历史和鲜明的地方特色，不仅是中国的瑰宝，也属于全世界。

Měi ge càixì dōu yǒu yōujiǔ de lìshǐ hé xiānmíng de dìfāng tèsè, bùjǐn shì Zhōngguó de guībǎo, yě shǔyú quán shìjiè.

湘菜 xiāngcài 호남(湖南)풍의 요리.

香菜 xiāngcài 고수(풀). 향채(향기로운 나물).

奇怪 qíguài 이상하다. 괴상하다. 기괴하다.

简称 jiǎnchēng 줄임말. 약칭(하다).

八大菜系 bā dà càixì 중국의 팔대 요리 계열(계통).

优惠 yōuhuì 할인. 우대.

菜肴 càiyáo 요리. 반찬.

物产 wùchǎn 산물. 일정한 곳에서 생산되어 나오는 물건.

风味 fēngwèi (음식의) 독특한 맛. 특색.

烹饪 pēngrèn 요리(조리) 하다.

流派 liúpài (학술 사상이나 문예 방면의) 파별. 분파. 유파.

趋势 qūshì 추세. 경향.

鲁 Lǔ 산동(山東)성의 별칭.

川 Chuān 사천(四川)성의 준말.

粤 Yuè 광동(廣東)성의 별칭.

苏 Sū 강소(江蘇)성의 준말.

分化 fēnhuà 분화하다. 갈라지다.

浙 Zhè 절강(浙江)성의 준말.

徽 Huī 휘주(徽州). (안휘(安徽)성의 구부명(舊府名). 안휘(安徽)성의 준말은 "徽"가 아닌 "皖"이다.)

闽 Mǐn 복건(福建)성의 별칭.

瑰宝 guībǎo 진귀한 보물. 보배.

≫ 구문 설명

1 '因……而……'는 '……로 인해서……'를 뜻하는 인과 관계를 나타내는 복문으로 서면어에서 많이 사용된다.

① 飞机**因**天气恶劣**而**延误了三个小时。

　　Fēijī yīn tiānqì èliè ér yánwù le sān ge xiǎoshí.

　　비행기가 날씨 악화로 인해 세 시간이나 지연되었다.

② 生命**因**奋斗**而**精彩。

　　Shēngmìng yīn fèndòu ér jīngcǎi.

　　인생은 노력으로 인해서 근사해진다.

120

场景说明 朴美兰打电话预约……
Piáo Měilán dǎ diànhuà yùyuē……

服务员 喂，您好，这里是香湘菜馆。
Wèi, nínhǎo, zhèli shì Xiāngxiāng Càiguǎn.

朴美兰 你好，我想订周六晚餐的位子。
Nǐhǎo, wǒ xiǎng dìng zhōuliù wǎncān de wèizi.

服务员 好的，请稍等一下……周六几点？大概几位？
Hǎo de, qǐng shāo děng yíxià……zhōuliù jǐ diǎn? dàgài jǐ wèi?

朴美兰 下午5点半左右，两位。
Xiàwǔ wǔ diǎn bàn zuǒyòu, liǎng wèi.

服务员 没问题。您贵姓？
Méi wèntí. Nín guìxìng?

朴美兰 我姓朴。听说这周是店庆周，是吗？
Wǒ xìng Piáo. Tīngshuō zhè zhōu shì diànqìng zhōu, shì ma?

服务员 是的，店庆期间所有菜品打八折，而且还赠送现金券。
Shì de, diànqìng qījiān suǒyǒu càipǐn dǎ bā zhé, érqiě hái zèngsòng xiànjīnquàn.

朴美兰 太棒了！
Tài bàng le!

优惠券
Yōuhuìquàn

优惠券是购物或体验时使用的一种优惠凭证，**有**电子优惠券和纸质优惠券**之分。**

Yōuhuìquàn shì gòuwù huò tǐyàn shí shǐyòng de yì zhǒng yōuhuì píngzhèng, yǒu diànzǐ yōuhuìquàn hé zhǐzhì yōuhuìquàn zhī fēn.

从使用方式**来看**，目前较为常见的优惠券有以下几种:

Cóng shǐyòng fāngshì lái kàn, mùqián jiàowéi chángjiàn de yōuhuìquàn yǒu yǐxià jǐ zhǒng:

1. 可抵用部分现金的优惠凭证，叫现金券。
   Kě dǐyòng bùfēn xiànjīn de yōuhuì píngzhèng, jiào xiànjīnquàn.

2. 可体验部分服务的凭证，叫体验券。
   Kě tǐyàn bùfēn fúwù de píngzhèng, jiào tǐyànquàn.

3. 可领用指定礼品的凭证，叫礼品券。
   Kě lǐngyòng zhǐdìng lǐpǐn de píngzhèng, jiào lǐpǐnquàn.

4. 可享受消费折扣的凭证，叫折扣券。
   Kě xiǎngshòu xiāofèi zhékòu de píngzhèng, jiào zhékòuquàn.

5. 可购买特价商品的凭证，叫特价券。
   Kě gòumǎi tèjià shāngpǐn de píngzhèng, jiào tèjiàquàn.

订 dìng 예약하다. 주문하다.

位子 wèizi 자리. 좌석.

店庆 diànqìng 가게(매장) 기념행사.

赠送 zèngsòng 증정하다. 선사하다. 증여하다.

现金券 xiànjīnquàn 상품권.

体验 tǐyàn 체험.

凭证 píngzhèng 증명서. 전표.

纸质 zhǐzhì 종이 재질.

抵用 dǐyòng ……을 대체하여 사용하다.

指定 zhǐdìng 지정하다. 확정하다.

>> 구문 설명

1 '有……之分'은 '……의 구분이 있다'를 뜻하며 서면어에서 많이 사용되는 구조다.

① 职业不应**有**高低贵贱**之分**。

Zhíyè bù yīng yǒu gāodīguìjiàn zhī fēn.

직업은 귀천과 고하를 구분해서는 안 된다.

② 交朋友一定要谨慎, 因为朋友**有**好坏**之分**。

Jiāo péngyou yídìng yào jǐnshèn, yīnwèi péngyou yǒu hǎohuài zhī fēn.

친구를 사귈 때 반드시 신중해야 한다. 왜냐하면 좋은 영향과 나쁜 영향을 주는 친구로 구분되기 때문이다.

2 '从……来看'은 화제를 이끌어낼 때 사용하는 구조로 '……를 놓고 본다면'을 의미한다.

① **从**目前的状况**来看**, 病人没有生命危险。

Cóng mùqián de zhuàngkuàng lái kàn, bìngrén méiyǒu shēngmìng wēixiǎn.

현재의 상황으로 본다면 이 환자는 생명에 지장이 없다.

② **从**安全角度**来看**, 有些国家目前不适合旅行。

Cóng ānquán jiǎodù lái kàn, yǒuxiē guójiā mùqián bú shìhé lǚxíng.

안전의 관점으로 본다면 일부 국가는 현재 여행하기에 적합하지 않다.

124

场景说明 美兰和李心爱在饭店……
Piáo Měilán hé Lǐ Xīn'ài zài fàndiàn……

服务员 您好，这是菜单，请点菜。
Nínhǎo, zhè shì càidān, qǐng diǎncài.

朴美兰 来一个麻辣子鸡，一个红烧肉。
Lái yí ge málàzǐjī, yí ge hóngshāoròu.

服务员 主食和酒水要什么？
Zhǔshí hé jiǔshuǐ yào shénme?

朴美兰 主食要米饭吧。心爱，喝点儿什么？
Zhǔshí yào mǐfàn ba. Xīn'ài, hē diǎnr shénme?

李心爱 来两瓶青岛啤酒吧。
Lái liǎng píng Qīngdǎo píjiǔ ba.

服务员 好的。有忌口的吗？
Hǎo de. Yǒu jìkǒu de ma?

李心爱 有，请不要放香菜。
Yǒu, qǐng búyào fàng xiāngcài.

中国八大菜系的代表菜品

Zhōngguó bā dà càixì de dàibiǎo càipǐn

鲁菜精细，代表菜品有糖醋鱼、红烧大虾等。

Lǔcài jīngxì, dàibiǎo càipǐn yǒu tángcùyú, hóngshāodàxiā děng.

川菜麻辣，代表菜品有麻婆豆腐、鱼香肉丝等。

Chuāncài málà, dàibiǎo càipǐn yǒu mápódòufu, yúxiāngròusī děng.

粤菜鲜嫩，代表菜品有咕噜肉、烤乳猪等。

Yuècài xiānnèn, dàibiǎo càipǐn yǒu gūlūròu, kǎorǔzhū děng.

苏菜讲究造型，代表菜品有淮扬狮子头、盐水鸭等。

Sūcài jiǎngjiū zàoxíng, dàibiǎo càipǐn yǒu Huáiyángshīzitóu, yánshuǐyā děng.

浙菜乡土气息浓厚，代表菜品有西湖醋鱼、东坡肉等。

Zhècài xiāngtǔ qìxī nónghòu, dàibiǎo càipǐn yǒu Xīhúcùyú, Dōngpōròu děng.

闽菜色调美观，代表菜品有佛跳墙、淡糟香螺片等。

Mǐncài sèdiào měiguān, dàibiǎo càipǐn yǒu fótiàoqiáng, dànzāoxiāngluópiàn děng.

湘菜口味**重酸**、辣，代表菜品有麻辣子鸡、冰糖湘莲等。

Xiāngcài kǒuwèi zhòng suān, là, dàibiǎo càipǐn yǒu málàzǐjī, bīngtángxiānglián děng.

徽菜**以**烹制山珍野味**著称**，代表菜品有火腿炖甲鱼、黄山炖鸽等。

Huīcài yǐ pēngzhì shānzhēnyěwèi zhùchēng, dàibiǎo càipǐn yǒu huǒtuǐdùnjiǎyú, Huángshāndùngē děng.

菜单 càidān 식단. 메뉴.

点菜 diǎncài 요리를 (선택하여) 주문하다.

麻辣子鸡 málàzǐjī 마랄자계. 얼얼하게 매운 닭.

主食 zhǔshí 주식. 식사.

酒水 jiǔshuǐ (술이나 사이다 따위의) 음료.

忌口 jìkǒu 음식을 가리다.

精细 jīngxì 세밀하다. 정교하다.

红烧大虾 hóngshāodàxiā 홍소대하. 간장에 조린 새우.

麻婆豆腐 mápódòufu 마파두부.

鱼香肉丝 yúxiānròusī 어향육사. 채 썬 돼지고기 볶음.

鲜嫩 xiānnèn 신선하고 연하다.

咕噜肉 gūlūròu 탕수육.

烤 kǎo (불에) 굽다.

讲究 jiǎngjiu 중히 여기다. 소중히 하다.

淮扬狮子头 Huáiyángshīzitóu 회양사자두. 양주 고기완자.

盐水鸭 yánshuǐyā 염수압. 소금에 절인 오리.

乡土气息 xiāngtǔ qìxī 향토색. 농촌의 정취. 농촌 분위기.

浓厚 nónghòu (색채 · 의식 · 분위기 따위가) 농후하다. 강하다.

西湖醋鱼 Xīhúcùyú 서호초어. 서호의 생선찜.

东坡肉 dōngpōròu 동파육. 소동파의 이름을 딴 돼지 사태.

色调 sèdiào 색조.

美观 měiguān (장식 · 외관 따위가) 보기 좋다. 아름답다.

佛跳墙 fótiàoqiáng 불도장. (30가지 이상의 재료가 들어간 중국의 최고급 보양 음식)

淡糟香螺片 dànzāoxiāngluópiàn 담조향라편. 술향 다슬기 볶음.

口味 kǒuwèi 맛.

冰糖湘莲 bīngtángxiānglián 빙당상연. 단맛 연밥 디저트.

烹制 pēngzhì 요리(조리)하다. 음식을 만들다.

山珍野味 shānzhēnyěwèi 산과 들에서 나오는 온갖 재료로 만든 진기한 음식. 산해진미.

火腿炖甲鱼 huǒtuǐdùnjiǎyú 화퇴돈갑어. 거북이요리.

黄山炖鸽 Huángshāndùngē 황산돈합. 비둘기요리.

≫ 구문 설명

1 '**重**'은 '……를 중시하다. ……를 강조하다.'는 의미를 나타낸다.

① 很多农村家庭都**重**男轻女。

Hěn duō nóngcūn jiātíng dōu zhòngnán qīngnǚ.

많은 농촌 가정에서는 남자를 중시하고 여자를 경시한다.

② 我们的教育要避免**重**理论轻实践的倾向。

Wǒmen de jiàoyù yào bìmiǎn zhòng lǐlùn qīng shíjiàn de qīngxiàng.

우리의 교육은 이론을 중시하고 실천을 경시하는 경향을 피해야 한다.

2 '**以**……**著称**'은 '……로 잘 알려지다. ……로 유명하다.'를 의미한다.

① 金教授**以**评分严厉**著称**。

Jīn jiàoshòu yǐ píngfēn yánlì zhùchēng.

김교수는 성적평가에 대해서는 말쌀스럽기로 유명하다.

② 少林寺**以**传统武术**著称**。

Shàolínsì yǐ chuántǒng wǔshù zhùchēng.

소림사는 전통무술 수련으로 유명하다.

연습문제

1. 다음 단어들을 어순에 맞게 배열해 보세요.

(1) 流派 / 趋势 / 还有 / 增加 / 继续 / 菜系 / 的

→ ( )

(2) 常见 / 较为 / 的 / 以下 / 有 / 几 / 种 / 目前 / 优惠券

→ ( )

(3) 菜系 / 每个 / 有 / 都 / 历史 / 悠久的 / 地方 / 特色 / 鲜明的 / 和

→ ( )

(4) 喜欢 / 我 / 很 / 不太 / 味道 / 香菜 / 奇怪

→ ( )

2. 한어병음을 보고 누가 한 말인지 판단해주시오.

(1) Nínhǎo, zhè shì càidān, qǐng diǎncài. → ( )

① 服务员   ② 护士   ③ 老师

(2) Wǒ xiǎng dìng zhōuliù wǎncān de wèizi. → ( )

① 订票顾客   ② 订餐顾客   ③ 订房间顾客

3. 빈칸을 채우시오.

(1) 市内有一家有名的湘菜馆, 正在_____优惠活动呢。

(2) 店庆期间所有菜品_____8折, 而且还_____现金券。

(3) 服务员, _____一个麻辣子鸡, 一个红烧肉。

(4) 请_____放香菜。

4. 笑话

顾客: 这菜太难吃了, 我要见你们经理!
服务员: 对不起, 经理不在, 他去对面的饭店吃饭去了。

难吃 nánchī 맛이 없다.
对面 duìmiàn 맞은편.

NOTE

09 看病

场景说明 朴美兰在宿舍走廊遇到李心爱……
Piáo Měilán zài sùshè zǒuláng yùdào Lǐ Xīn'ài……

朴美兰 心爱，你脸色怎么这么差？
Xīn'ài, nǐ liǎnsè zěnme zhème chà?

李心爱 我拉肚子，还有点儿恶心。
Wǒ lā dùzi, hái yǒudiǎnr ěxīn.

朴美兰 是不是食物中毒啊？
Shìbushì shíwù zhòngdú a?

李心爱 我也不知道。你帮我请个假吧。
Wǒ yě bù zhīdào. Nǐ bāng wǒ qǐng ge jià ba.

朴美兰 请假不是问题，走，我送你去医院。
Qǐngjià bú shì wèntí, zǒu, wǒ sòng nǐ qù yīyuàn.

李心爱 谢谢你，美兰。
Xièxie nǐ, Měilán.

请假条
Qǐngjiàtiáo

尊敬的_____老师：

Zūnjìng de_____lǎoshī:

　　我因腹痛难忍，急需就医，于2019年2月28日请假一天，**请准假**。谢谢。

　　Wǒ yīn fùtòng nánrěn, jíxū jiùyī, yú èr líng yī jiǔ nián èr yuè èrshí bā rì qǐngjià yì tiān, qǐng zhǔnjià. Xièxie.

请假人：李心爱

qǐngjià rén: Lǐ Xīn'ài

2019年2月28日

èr líng yī jiǔ nián èr yuè èrshí bā rì

尊敬的老师：

Zūnjìng de lǎoshī:

　　本人因参加HSK考试，**于2019年2月26日至2月28日请假三天**，恳请批准。请假期间有效联系方式为：138-4025-6012。

　　Běnrén yīn cānjiā HSK kǎoshì, yú èr líng yī jiǔ nián èr yuè èrshí liù rì zhì èr yuè èrshí bā rì qǐngjià sān tiān, kěnqǐng pīzhǔn. Qǐngjià qījiān yǒuxiào liánxì fāngshì wéi: yāo sān bā-sì líng èr wǔ-liù líng yāo èr.

　　此致

　　Cǐzhì

敬礼！

Jìnglǐ!

请假人：尹采林

qǐngjià rén: Yǐn Cǎilín

2019年2月25日

èr líng yī jiǔ nián èr yuè èrshí wǔ rì

走廊 zǒuláng 복도.

脸色 liǎnsè 안색. 혈색.

拉肚子 lā dùzi 설사하다.

恶心 ěxīn 구역질(이 나다).

食物中毒 shíwù zhòngdú 식중독.

请假条 qǐngjiàtiáo 결석신고서. 결근신고서.

腹痛 fùtòng 복통.

难忍 nánrěn 참기 어렵다.

急需 jíxū 급히 필요로 하다.

就医 jiùyī 의사에게 보이다(치료 받다, 진찰을 받다).

准假 zhǔnjià (결석·휴가 등을) 허가하다. 허락하다.

恳请 kěnqǐng 간청하다.

此致 cǐzhì 이에 ……에 보냅니다.

》》 구문 설명

1 '于+时间词 구조에서 '于'는 개사 '在'와 같은 기능을 수행하는데, '在'는 구어에서 많이 사용하지만 '于'는 서면어에서 많이 사용된다.

① 鲁迅生于1881年。

Lǔ Xùn shēng yú yī bā bā yī nián.

노신은 1881년에 태어났다.

② 我们将于下周三前往首尔。

Wǒmen jiāng yú xiàzhōusān qiánwǎng Shǒu'ěr.

우리는 다음 주 수요일 서울에 갈 겁니다.

2 '请假'는 동사 '请'과 명사 '假'로 구성된 이합사로서, 한 개의 동사처럼 붙어 쓰이기도 하고 '请+假'처럼 분리되어 쓰이기도 한다.

① 他得了重感冒, 不能上班, **请假**了。

Tā dé le zhòng gǎnmào, bù néng shàngbān, qǐngjià le.

그는 감기가 심하게 걸려 출근을 하지 못 해 병가를 냈다.

② 美兰有事回国了, **请**了一个星期的**假**。

Měilán yǒushì huíguó le, qǐng le yí ge xīngqī de jià.

미란은 일이 있어 일주일 결근계를 내고 귀국을 하였다.

场景说明 *朴美兰和李心爱在医院……*
Piáo Měilán hé Lǐ Xīn'ài zài yīyuàn……

朴美兰 你好，我朋友肚子疼，请**帮忙**挂个号。
Nǐhǎo, wǒ péngyou dùzi téng, qǐng bāngmáng guà ge hào.

挂号员 你有医疗卡吗?
Nǐ yǒu yīliáokǎ ma?

朴美兰 没有。
Méiyǒu.

挂号员 请填一下挂号单。
Qǐng tián yíxià guàhàodān.

挂号员 这是你的医疗本，请**收好**。
Zhè shì nǐ de yīliáoběn, qǐng shōuhǎo.

朴美兰 好的，然后去哪儿?
Hǎo de, ránhòu qù nǎr?

挂号员 然后请到一楼候诊区等候。
Ránhòu qǐng dào yī lóu hòuzhěnqū děnghòu.

挂号单
Guàhàodān

感谢您来我院就诊。请填写以下资料，以便建立您的个人档案，方便您的就诊，谢谢!

Gǎnxiè nín lái wǒyuàn jiùzhěn. Qǐng tiánxiě yǐxià zīliào, yǐbiàn jiànlì nín de gèrén dàng'àn, fāngbiàn nín de jiùzhěn, xièxie!

姓名： xìngmíng:	性别： xìngbié:
年龄： niánlíng:	联系电话： liánxì diànhuà:
联系地址： liánxì dìzhǐ	过敏史： guòmǐn shǐ:

挂号科室：
guàhào kēshì:

内科 nèikē	外科 wàikē	妇科 fùkē	儿科 érkē	眼科 yǎnkē	口腔科 kǒuqiāngkē
皮肤科 pífūkē	耳鼻喉科 ěrbíhóukē	中医科 zhōngyīkē	心理咨询室 xīnlǐzīxún shì	体检中心 tǐjiǎn zhōngxīn	

疼 téng 아프다.

挂号 guàhào 신청하다. 등록하다. 접수시키다. 수속(手續)하다.

医疗卡 yīliáokǎ 진료 카드.

挂号单 guàhàodān 접수신고서.

候诊区 hòuzhěnqū 진료(진찰)대기실.

档案 dàng'àn 기록. 파일.

过敏史 guòmǐnshǐ 알레르기 병력.

≫ 구문 설명

1 '**帮忙**'은 동사 '帮'과 명사 '忙'으로 구성된 이합사로서, 한 개의 동사처럼 붙어 쓰이기도 하고 '帮+忙'처럼 분리되어 쓰이기도 한다.

① 明天我没空儿, 你找别人**帮忙**吧。

Míngtiān wǒ méikòngr, nǐ zhǎo biérén bāngmáng ba.

내일 내가 시간이 없으니 다른 사람을 찾아 도와달라고 해.

② 请**帮**我一个**忙**, 好吗?

Qǐng bāng wǒ yí ge máng, hǎo ma?

저 좀 도와주시겠습니까?

2 '**收+好**' 구조는 '챙기다'를 뜻하는 동사 '收'와 '동작이 잘 마무리되었음'을 뜻하는 결과보어 '好'로 구성되므로 구조 전체는 '잘 챙기다'라는 의미를 나타낸다.

① 这是您的护照和登机牌, 请**收好**。

Zhè shì nín de hùzhào hé dēngjīpái, qǐng shōuhǎo.

이것은 당신의 여권과 탑승권입니다. 잘 챙기십시오.

② 找您34块, 请**收好**。

Zhǎo nín sānshí sì kuài, qǐng shōuhǎo.

거스름돈 34원입니다. 잘 챙기십시오.

场景说明 朴美兰在收费处……
Piáo Měilán zài shōufèichù ……

朴美兰 **你好，请问怎么交费？**
Nǐhǎo, qǐngwèn zěnme jiāofèi?

收费员 **你有社保卡吗？**
Nǐ yǒu shèbǎokǎ ma?

朴美兰 **没有，患者是留学生，没有社保卡。**
Méiyǒu, huànzhě shì liúxuéshēng, méiyǒu shèbǎokǎ.

收费员 **留学生有专门的医疗保险，这是收据，你拿回去问问老师吧。**
Liúxuéshēng yǒu zhuānmén de yīliáo bǎoxiǎn, zhè shì shōujù, nǐ ná huíqu wènwen lǎoshī ba.

朴美兰 **好的。请问，去哪儿取药？**
Hǎo de. Qǐngwèn, qù nǎr qǔyào?

收费员 **药房在对面。**
Yàofáng zài duìmiàn.

来华留学生综合保险
Láihuá liúxuéshēng zōnghé bǎoxiǎn

中国教育部与中国平安保险公司**自**1999年开始合作建立来华留学生综合保险。

Zhōngguó Jiàoyùbù yǔ Zhōngguó Píng'ān Bǎoxiǎn Gōngsī zì yī jiǔ jiǔ jiǔ nián kāishǐ hézuò jiànlì láihuá liúxuéshēng zōnghé bǎoxiǎn.

来华留学生综合保险主要的投保对象是来华留学生、外国专家、港澳台学生，保险责任包括意外伤害医疗、住院医疗等等。

Láihuá liúxuéshēng zōnghé bǎoxiǎn zhǔyào de tóubǎo duìxiàng shì láihuá liúxuéshēng、wàiguó zhuānjiā、Gǎng-Ào-Tái xuésheng, bǎoxiǎn zérèn bāokuò yìwài shānghài yīliáo、zhùyuàn yīliáo děngděng.

除意外伤害紧急处理**以外**，留学生住院应入三级以上公立医院，并按卫生管理部门规定的公费医疗标准接受医疗。

Chú yìwài shānghài jǐnjí chǔlǐ yǐwài, liúxuéshēng zhùyuàn yīng rù sānjí yǐshàng gōnglì yīyuàn, bìng àn wèishēng guǎnlǐ bùmén guīdìng de gōngfèi yīliáo biāozhǔn jiēshòu yīliáo.

一般而言，学校都会统一为学生购买，具体情况可以咨询学校办事处。

Yìbān'éryán, xuéxiào dōu huì tǒngyī wèi xuésheng gòumǎi, jùtǐ qíngkuàng kěyǐ zīxún xuéxiào bànshìchù.

새 단어

收费处 shōufèichù 수납창구.

交费 jiāofèi 비용을 내다.

社保卡 shèbǎokǎ 사회보장카드. (中华人民共和国社会保障卡의 줄임말. 사회보장카드는 다양한 기능이 있다. 카드를 소지할 경우 병원에서 치료 받기, 의료보험 개인 계좌 결제, 약국에서 약 사기, 양로연금 수령, 구직, 실업 등록, 실업보험금 신청, 직업훈련 신청 등을 할 수 있다.)

患者 huànzhě 환자.

保险 bǎoxiǎn 보험.

收据 shōujù 영수증.

药房 yàofáng 약국.

合作 hézuò 협력(하다). 합작(하다).

投保 tóubǎo 보험에 가입하다.

公费 gōngfèi 국비.

咨询 zīxún 자문하다. 상의하다. 의논하다.

办事处 bànshìchù (정부·군대·단체 등이 파견한) 사무소.

》 구문 설명

1 '自'는 '……부터. ……에서 시작하여'를 뜻하는 개사이며 주로 서면어에서 사용된다.

① 新法**自**明年1月起实施。

Xīnfǎ zì míngnián yī yuè qǐ shíshī.

내년 1월부터 새 법이 시행된다.

② 南果梨产**自**中国辽东半岛中南部。

Nánguǒlí chǎnzì Zhōngguó Liáodōng Bàndǎo zhōngnán bù.

나시배(Nashi Pear)는 중국 요동반도 중남부에서 생산된 것이다.

2 '除(了)……(以/之)外'는 '……을 빼고. ……말고. ……를 제외하고는.'을 뜻하며, '都'나 '全' 등과 어울려 '배제'의 뜻을 나타낸다. 이 구조는 '除了……', '除…… (以/之) 外' 등처럼 일부를 생략해서 표현하기도 한다.

① 今天的客人**除了**美兰**以外**, 都是日本学生。

Jīntiān de kèren chúle Měilán yǐwài, dōu shì Rìběn xuésheng.

오늘의 손님은 미란을 제외하고는 모두 일본학생이다.

② **除**英语资料**以外**, 其他资料全要译成汉语。

Chú Yīngyǔ zīliào yǐwài, qítā zīliào quán yào yìchéng Hànyǔ.

영어 자료를 제외하고 기타 자료는 모두 중국어로 번역해야 한다.

1. 다음 단어들을 어순에 맞게 배열해 보세요.

(1) 来 / 感谢 / 就诊 / 我院 / 您

→ (　　　　　　　　　　　　　　　　　　　　　　)

(2) 住院 / 三级 / 应 / 公立 / 以上 / 留学生 / 医院 / 入

→ (　　　　　　　　　　　　　　　　　　　　　　)

(3) 情况 / 办事处 / 可以 / 学校 / 具体 / 咨询

→ (　　　　　　　　　　　　　　　　　　　　　　)

(4) 保险 / 专门 / 有 / 留学生 / 的 / 医疗

→ (　　　　　　　　　　　　　　　　　　　　　　)

2. 한어병음을 보고 말하는 장소를 판단해주시오.

(1) Qǐng dào yī lóu hòuzhěnqū hòuzhěn.　　　　→ (　　)

① 银行　　　　　② 医院　　　　　③ 学校

(2) Nǐ zuótiān zěnme méi lái shàngkè? Wèishénme méi gēn wǒ qǐngjià?

→ (　　)

① 教室里　　　　② 飞机上　　　　③ 药房

3. 빈칸을 채우시오.

(1) 你脸色_____这么差?

(2) 我_____2019年2月28日请假一天，请准假。

(3) 这是你的医疗本，请收_____。

(4) 请填写以下资料，_____建立您的个人档案。

4. 笑话

患者: 医生，我的化验结果出来了吗?

医生: 出来了，我看看。……完了! 完了! 完了!

患者: 很……很严重吗?

医生: 完了! 我不戴眼镜什么也看不见!

患者: ……

化验 huàyàn 검사.
严重 yánzhòng 심각하다.
戴 dài 쓰다.
眼镜 yǎnjìng 안경.

买手机卡

场景说明 朴美兰和李心爱在谈论手机卡……
Piáo Měilán hé Lǐ Xīn'ài zài tánlùn shǒujīkǎ……

李心爱 美兰，你的手机卡是在哪儿买的？
Měilán, nǐ de shǒujīkǎ shì zài nǎr mǎi de?

朴美兰 就在校门口的营业厅，你也要买吗？
Jiù zài xiàoménkǒu de yíngyètīng, nǐ yě yào mǎi ma?

李心爱 是啊，没有中国手机，实在太不方便了。
Shì a, méiyǒu Zhōngguó shǒujī, shízài tài bù fāngbiàn le.

朴美兰 你现在就买吗？我带你去吧。
Nǐ xiànzài jiù mǎi ma? Wǒ dài nǐ qù ba.

李心爱 好啊。我先看看钱够不够。
Hǎo a. Wǒ xiān kànkan qián gòubugòu.

朴美兰 不光要带钱，还要带护照。
Bùguāng yào dài qián, hái yào dài hùzhào.

手机卡
shǒujī kǎ

手机卡是指手机里使用的USIM卡。

Shǒujīkǎ shì zhǐ shǒujī lǐ shǐyòng de USIM-kǎ.

中国有三大通讯公司: 中国移动、中国联通、中国电信。三家公司的手机卡都能在各自的营业厅购买。

Zhōngguó yǒu sān dà tōngxùn gōngsī: Zhōngguó Yídòng、Zhōngguó Liántōng、Zhōngguó Diànxìn. Sān jiā gōngsī de shǒujīkǎ dōu néng zài gèzì de yíngyètīng gòumǎi.

购买手机卡**要求**实名制, 所以需要带上身份证、护照等有效证件。

Gòumǎi shǒujīkǎ yāoqiú shímíngzhì, suǒyǐ xūyào dàishang shēnfènzhèng、hùzhào děng yǒuxiào zhèngjiàn.

购买手机卡时可以直接开通上网套餐, 包含一定流量和免费国内通话, 如果不开通套餐, 直接使用上网功能, 价格会比较贵。

Gòumǎi shǒujīkǎ shí kěyǐ zhíjiē kāitōng shàngwǎng tàocān, bāohán yídìng liúliàng hé miǎnfèi guónèi tōnghuà, rúguǒ bù kāitōng tàocān, zhíjiē shǐyòng shàngwǎng gōngnéng, jiàgé huì bǐjiào guì.

套餐金额有多种选择, 金额**越**大, 上网和通话的免费使用量就**越**大。

Tàocān jīn'é yǒu duōzhǒng xuǎnzé, jīn'é yuè dà, shàngwǎng hé tōnghuà de miǎnfèi shǐyòngliàng jiù yuè dà.

手机卡 shǒujīkǎ 휴대 전화 유심칩.

营业厅 yíngyètīng 영업점.

通讯 tōngxùn 통신.

实名制 shímíngzhì 실명제.

有效 yǒuxiào 유효(하다).

证件 zhèngjiàn 증명서.

开通 kāitōng 개통하다. 열다.

套餐 tàocān 세트(음식). 시리즈. 패키지.

流量 liúliàng 데이터.

≫ 구문 설명

1 '**要求**'는 '요구하다'를 뜻하는 동사이고 뒤에 명사성 목적어도 수반할 수 있지만 동사성 목적어를 더 많이 수반한다.

① 本次空中乘务员招聘**要求**年龄28岁以下, 身高1.65cm以上。

Běn cì kōngzhōng chéngwùyuán zhāopìn yāoqiú niánlíng èrshí bā suì yǐxià, shēngāo yì mǐ liù wǔ yǐshàng.

이번 객실 승무원 모집 조건은 나이가 28세 이하이고 키 165cm 이상이어야 한다.

② 学校**要求**我们英语必须达到四级水平。

Xuéxiào yāoqiú wǒmen Yīngyǔ bìxū dádào sìjí shuǐpíng.

학교에서는 우리가 영어를 반드시 4급 수준에 도달해야 함을 요구한다.

③ 学生们举行示威活动, **要求**校方冻结学费。

Xuéshengmen jǔxíng shìwēi huódòng, yāoqiú xiàofāng dòngjié xuéfèi.

학생들은 학교에 등록금을 동결해달라고 요구하며 시위를 했다.

2 '**越**……**越**……'은 '……할수록……하다'를 뜻하며 두 개나 두 개 이상의 호응된 단문에 쓰인다.

① **越**接近山顶, 空气就**越**凉爽。

Yuè jiējìn shāndǐng, kōngqì jiù yuè liángshuǎng.

산 정상에 가까워질수록 공기가 시원하고 상쾌하다.

② 条件**越**艰苦, 我们就**越**应该努力坚持。

Tiáojiàn yuè jiānkǔ, wǒmen jiù yuè yīnggāi nǔlì jiānchí.

조건이 힘겨울수록 우리는 꾸준히 노력해야 한다.

场景说明　朴美兰和李心爱去买手机卡……
Piáo Měilán hé Lǐ Xīn'ài qù mǎi shǒujīkǎ ……

李心爱　你好，我想买张手机卡。
Nǐ hǎo, wǒ xiǎng mǎi zhāng shǒujīkǎ.

营业员　您带证件了吗?
Nín dài zhèngjiàn le ma?

李心爱　带了，这是护照，这是我的手机。
Dài le, zhè shì hùzhào, zhè shì wǒ de shǒujī.

营业员　没问题。这几个电话号码您喜欢哪一个?
Méi wèntí. Zhè jǐ ge diànhuà hàomǎ nín xǐhuan nǎ yí ge?

李心爱　我喜欢尾号是9的那个。
Wǒ xǐhuan wěihào shì jiǔ de nà ge.

营业员　好的。我帮您装好，马上就可以使用了。
Hǎo de. Wǒ bāng nín zhuānghǎo, mǎshàng jiù kěyǐ shǐyòng le.

数字的含义
Shùzì de hányì

在中国人眼里，数字**富有**感情和魔力。
Zài Zhōngguó rén yǎnli, shùzì fùyǒu gǎnqíng hé mólì.

中国人喜欢的数字有6、8、9，因为6代表顺利，8代表发财，9代表长久。
Zhōngguó rén xǐhuan de shùzì yǒu liù、bā、jiǔ, yīnwèi liù dàibiǎo shùnlì, bā dàibiǎo fācái, jiǔ dàibiǎo chángjiǔ.

中国人不喜欢的数字是4，因为4与"死"谐音。
Zhōngguó rén bù xǐhuan de shùzì shì sì, yīnwèi sì yǔ "sǐ" xiéyīn.

日常生活中，你要小心2和250这两个数字，因为它们都有"傻"的意思。
Rìcháng shēnghuó zhōng, nǐ yào xiǎoxīn èr hé èrbǎi wǔ zhè liǎng ge shùzì, yīnwèi tāmen dōu yǒu "shǎ" de yìsi.

在网络聊天时，网民经常用数字代替词语，**久而久之**，有些数字就成了网络用语。比如：
Zài wǎngluò liáotiān shí, wǎngmín jīngcháng yòng shùzì dàitì cíyǔ, jiǔ'érjiǔzhī, yǒuxiē shùzì jiù chéng le wǎngluò yòngyǔ. Bǐrú:

0487 你是白痴 nǐ shì báichī

282 饿不饿 èbu'è

456 是我啦 shì wǒ la

520 我爱你 wǒ ài nǐ

745 气死我 qìsǐ wǒ

886 拜拜喽 bàibài lou (口语发音是 báibái lou)

1314 一生一世 yìshēngyíshì

3344 生生世世 shēngshēngshìshì

484 是不是 shìbushì

530 我想你 wǒ xiǎng nǐ

995 救救我 jiùjiu wǒ

≫ 새 단어

尾号 wěihào 끝번호. 뒷번호.

装 zhuāng 설치하다. 조립하다. 채워 넣다.

含义 hányì 내포된 뜻·내용·개념.

魔力 mólì 마력. 매력.

顺利 shùnlì 순조롭다.

谐音 xiéyīn 한자에서 같거나 비슷한 음. 해음.

傻 shǎ 어리석다. 미련하다.

网络 wǎngluò 네트워크(network). 회로망.

网民 wǎngmín 인터넷 사용자. 네티즌(netizen).

代替 dàitì 대신하다. 대체하다.

用语 yòngyǔ 용어.

白痴 báichī 백치. 바보.

➤➤ 구문 설명

1 '富有'는 형용사로 '부유하다'를 뜻하기도 하지만 여기서는 긍정적인 의미를 나타내는 동사로 쓰여 '충분히 가지다'를 뜻한다.

① 《平凡的世界》是一部**富有**人生哲理的小说。

《Píngfán de Shìjiè》shì yí bù fùyǒu rénshēng zhélǐ de xiǎoshuō.

『평범한 세계』는 인생의 오묘한 이치를 지니고 있는 한 권의 소설이다.

② 丹麦**富有**"童话王国"的美誉。

Dānmài fùyǒu "tónghuà wángguó"de měiyù.

덴마크는 "동화왕국"이라는 명성을 지니고 있다.

2 '久而久之'는 사자성어이며 "오랜 시일이 지나다. 긴 시간이 지나다"를 뜻한다.

① 他总是说话不算话. **久而久之**, 同学们都不相信他了。

Tā zǒngshi shuōhuà bú suàn huà, jiǔ'érjiǔzhī, tóngxuémen dōu bù xiāngxìn tā le.

그는 늘 말한 대로 하지 않아 오랜 시간이 지나보니 학우들은 모두 그를 믿지 못하였다.

② 今天学一点儿, 明天学一点儿, **久而久之**, 汉语水平一定会提高的。

Jīntiān xué yìdiǎnr, míngtiān xué yìdiǎnr, jiǔ'érjiǔzhī, Hànyǔ shuǐpíng yídìng huì tígāo de.

오늘 좀 배우고, 내일 좀 배우고, 오랜 시간 배우다 보면 중국어 수준이 반드시 향상될 수 있다.

场景说明 朴美兰和李心爱在玩儿手机……
Piáo Měilán hé Lǐ Xīn'ài zài wánr shǒujī……

朴美兰 心爱，咱们加个微信好友吧。
Xīn'ài, zánmen jiā ge wēixìn hǎoyǒu ba.

李心爱 我正下载微信呢。
Wǒ zhèng xiàzǎi wēixìn ne.

朴美兰 速度真快啊。好了吗？
Sùdù zhēn kuài a. Hǎo le ma?

李心爱 成功了! 你是我的第一个微友!
Chénggōng le! Nǐ shì wǒ de dì-yī gè wēiyǒu!

朴美兰 非常荣幸，给你发个红包庆祝一下。
Fēicháng róngxìng, gěi nǐ fā ge hóngbāo qìngzhù yíxià.

李心爱 你还会发红包? 真不愧是中国通啊!
Nǐ hái huì fā hóngbāo? Zhēn búkuì shì Zhōngguótōng a!

关于微信
Guānyú wēixìn

微信（WeChat）是备受中国大众喜欢的一款免费应用程序，支持发送语音短信、视频、图片和文字，仅消耗少量网络流量。

Wēixìn (WeChat) shì bèishòu Zhōngguó dàzhòng xǐhuan de yì kuǎn miǎnfèi yīngyòng chéngxù, zhīchí fāsòng yǔyīn duǎnxìn、shìpín、túpiàn hé wénzì, jǐn xiāohào shǎoliàng wǎngluò liúliàng.

微信既是社交信息平台，又是商业交易平台。用户通过微信可以进行线上购物，购票，信用卡还款，手机充值，生活缴费，预订酒店、饭店，打车，解锁共享单车等活动。微信还支持扫码收付款，这种支付方式使纸币和银行卡的使用大幅减少，给生活带来了很多便利。

Wēixìn jì shì shèjiāo xìnxī píngtái, yòu shì shāngyè jiāoyì píngtái. Yònghù tōngguò wēixìn kěyǐ jìnxíng xiànshàng gòuwù, gòupiào, xìnyòngkǎ huánkuǎn, shǒujī chōngzhí, shēnghuó jiǎofèi, yùdìng jiǔdiàn、fàndiàn, dǎchē, jiěsuǒ gòngxiǎng dānchē děng huódòng. Wēixìn hái zhīchí sǎomǎ shōufùkuǎn, zhè zhǒng zhīfù fāngshì shǐ zhǐbì hé yínhángkǎ de shǐyòng dàfú jiǎnshǎo, gěi shēnghuó dàilái le hěn duō biànlì.

如果朋友想找你，可是你又说不清所在位置，不用紧张，你只需点击微信对话框下端的"位置"，你的朋友就会利用微信导航来到你身边。微信还有很多贴心的程序，无法一一列举，你还是直接体验一下比较好。

Rúguǒ péngyou xiǎng zhǎo nǐ, kěshì nǐ yòu shuōbuqīng suǒzài wèizhì, búyòng jǐnzhāng, nǐ zhǐ xū diǎnjī wēixìn duìhuàkuàng xiàduān de "wèizhì", nǐ de péngyou jiù huì lìyòng wēixìn dǎoháng láidào nǐ shēnbiān. Wēixìn hái yǒu hěn duō tiēxīn de chéngxù, wúfǎ yīyī lièjǔ, nǐ háishì zhíjiē tǐyàn yíxià bǐjiào hǎo.

目前，微信月活跃用户已超过9亿，用户覆盖200多个国家。

Mùqián, wēixìn yuè huóyuè yònghù yǐ chāoguò jiǔyì, yònghù fùgài èrbǎi duō ge guójiā.

下载 xiàzǎi (파일 등을) 다운로드(하다).

荣幸 róngxìng 영광스럽다.

庆祝 qìngzhù 경축하다.

中国通 Zhōngguótōng 중국통. 중국에 정통(精通)한 사람.

程序 chéngxù 프로그램.

视频 shìpín 동영상.

消耗 xiāohào (정신·힘·물자 따위를) 소모하다. (필요 이상으로 많이) 소비하다.

社交平台 shèjiāo píngtái 사회적 플랫폼. 소셜 플랫폼.

充值 chōngzhí 충전하다. 채우다.

缴费 jiǎofèi 비용을 납부하다.

解锁 jiěsuǒ (잠겨 있던 것을) 풀다. (비밀번호, 동결계좌 등) 해제하다.

扫码 sǎomǎ 바코드나 QR코드를 스캔하다.

点击 diǎnjī 클릭하다.

对话框 duìhuàkuàng 다이얼로그 박스(dialog box)

导航 dǎoháng 항해나 항공을 유도하다. 내비게이션.

贴心 tiēxīn 가장 친하다. 마음이 맞다. 제일 가깝다. 마음에 들다.

列举 lièjǔ 열거하다.

覆盖 fùgài 가리다. 덮다.

≫ 구문 설명

1 '备'는 '완전히'를 뜻하는 부사로 동사 앞에 쓰여 서면어 색채를 강하게 띤다.

① 王室成员不管走到哪里, 都**备**受瞩目。

Wángshì chéngyuán bùguǎn zǒudào nǎlǐ, dōu bèishòuzhǔmù.

왕족은 어디를 가나 시선이 주목된다.

② 姐姐对她关怀**备**至。

Jiějie duì tā guānhuáibèizhì.

언니는 그녀를 지극 정성으로 보살핀다.

2 '一一'은 '하나하나, 일일이'를 뜻하며 주로 동사 앞에 부사어로 쓰인다.

① 出国前, 美兰与亲友**一一**辞行。

Chūguó qián, Měilán yǔ qīnyǒu yīyī cíxíng.

출국 전, 미란은 친척과 친구들에게 일일이 작별인사를 했다.

② 老师对大家提出的问题**一一**做了答复。

Lǎoshī duì dàjiā tíchū de wèntí yīyī zuò le dáfù.

선생님은 모두의 질문에 일일이 대답했다.

1. 다음 단어를 어순에 맞게 배열해 보세요.

(1) 已 / 活跃 / 9 / 亿 / 用户 / 微信 / 超过 / 月
  → (   )

(2) 词语 / 网民 / 用 / 经常 / 数字 / 代替
  → (   )

(3) 微信 / 少量 / 消耗 / 仅 / 流量 / 网络
  → (   )

(4) 生活 / 给 / 变化 / 带来 / 巨大 / 了 / 微信
  → (   )

2. 한어병음을 보고 무엇을 하고 있는지 알맞은 답을 선택해보시오.

(1) Wǒ xiǎng kāitōng jiǔshí bā yuán de quánqiútōng tàocān, ránhòu
  chōng sānbǎi yuán huàfèi.   → (   )

  ① 吃饭   ② 交费   ③ 旅行

(2) Duìbuqǐ, nín suǒ bōdǎ de diànhuà yǐ guānjī.   → (   )

  ① 打电话   ② 去银行   ③ 候诊

3. 빈칸을 채우시오.

(1) 买手机卡_____要带钱, 还要带护照。

(2) 美兰真_____是中国通啊！

(3) 套餐金额_____大, 上网和通话的免费使用量就_____大。

(4) 微信_____是社交信息平台, _____是商业交易平台。

4. 笑话

A: 喂, 是王老师吗？

B: 是的, 您好。

A: 您好, 我儿子李明今天生病了, 不能去上学了。

B: 好的。······ 您是哪位啊？

A: 我是我爸爸!

11 晨练

场景 1
Chǎngjǐng yī

场景说明 朴美兰晨练归来……
Piáo Měilán chénliàn guīlái……

李心爱 美兰，你去哪儿了？
Měilán, nǐ qù nǎr le?

朴美兰 我去晨练了。
Wǒ qù chénliàn le.

李心爱 我刚才也去跑步了，怎么没看见你？
Wǒ gāngcái yě qù pǎobù le, zěnme méi kànjiàn nǐ?

朴美兰 我没跑步，我去小公园打太极了。
Wǒ méi pǎobù, wǒ qù xiǎo gōngyuán dǎ tàijí le.

李心爱 是和那些爷爷奶奶一起打的吗？
Shì hé nàxiē yéye nǎinai yìqǐ dǎ de ma?

朴美兰 不光有爷爷奶奶，也有年轻人。
Bùguāng yǒu yéye nǎinai, yě yǒu niánqīngrén.

李心爱 真有你的。
Zhēn yǒu nǐ de.

太极拳
Tàijíquán

太极拳，是以中国传统儒、道哲学中的太极、阴阳辩证理念为核心思想，集颐养性情、强身健体、技击对抗等多种功能为一体的中国传统拳术。

Tàijíquán, shì yǐ Zhōngguó chuántǒng Rú、Dào zhéxué zhōng de tàijí、yīnyáng biànzhèng lǐniàn wéi héxīn sīxiǎng, jí yíyǎng xìngqíng、qiángshēn jiàntǐ、jìjī duìkàng děng duōzhǒng gōngnéng wéi yìtǐ de Zhōngguó chuántǒng quánshù.

太极拳既体现了阴阳五行变化的哲学思想，又融合了中医经络学、古代的吐纳术等传统，具有内外兼修、柔和、缓慢、轻灵、刚柔相济的特点。

Tàijíquán jì tǐxiàn le yīnyáng wǔxíng biànhuà de zhéxué sīxiǎng, yòu rónghé le Zhōngyī jīngluòxué、gǔdài de tǔnàshù děng chuántǒng, jùyǒu nèiwàijiānxiū、róuhé、huǎnmàn、qīnglíng、gāngróuxiāngjì de tèdiǎn.

太极拳流派众多，群众基础广泛，它通过呼吸和动作，成为武术拳种中最具有生命力的一支。除比武功能以外，太极拳还被改编为太极操和太极推手等，**以**体操运动、表演、体育比赛等多种**形式**出现。

Tàijíquán liúpài zhòngduō, qúnzhòng jīchǔ guǎngfàn, tā tōngguò hūxī hé dòngzuò, chéngwéi wǔshù quánzhǒng zhōng zuì jùyǒu shēngmìnglì de yì zhī. Chú bǐwǔ gōngnéng yǐwài, tàijíquán hái bèi gǎibiān wéi tàijícāo hé tàijítuīshǒu děng, yǐ tǐcāo yùndòng、biǎoyǎn、tǐyù bǐsài děng duōzhǒng xíngshì chūxiàn.

2006年，太极拳被**列入**中国国家非物质文化遗产名录。

Èr líng líng liù nián, tàijíquán bèi lièrù Zhōngguó guójiā fēiwùzhìwénhuàyíchǎn mínglù.

晨练 chénliàn 아침 운동(을 하다). 아침 훈련(을 하다).

打太极 dǎ tàijí 태극권을 하다.

儒 Rú 유학.

哲学 zhéxué 철학.

阴阳 yīnyáng 음양.

辩证 biànzhèng 변증법.

颐养性情 yíyǎng xìngqíng 성품을 수양하다.

强身健体 qiángshēn jiàntǐ 신체를 건강하게 하다.

技击 jìjī 격투기. 무술.

对抗 duìkàng 대항(하다).

五行 wǔxíng 오행. 금(金)·목(木)·수(水)·화(火)·토(土).

吐纳 tǔnà 도가의 수련술의 일종. 입으로 더러운 기를 토하고 코로 신선한 기를
　　　마심.

内外兼修 nèiwàijiānxiū 안팎으로 겸하여 수련하다.

轻灵 qīnglíng 날렵하고 민첩하다. 가볍고 재빠르다.

刚柔相济 gāngróuxiāngjì 강하고 부드러운 두 가지 수단을 서로 보충하여
　　　　　사용하다. 조화를 이루다.

改编 gǎibiān 개편하다. 각색(脚色)하다.

列入 lièrù 집어넣다. 끼워 넣다.

名录 mínglù 명부.

▶▶ 구문 설명

---

1 '以……形式'은 '……형식으로'를 뜻하며 서면어에서 많이 쓰인다.

① 行之有效的管理方法应**以**制度**形式**固定下来。

Xíngzhīyǒuxiào de guǎnlǐ fāngfǎ yīng yǐ zhìdù xíngshì gùdìng xiàlai.

실행하기에 효과적인 관리방법은 제도적 형식으로 정착시켜야 한다.

② 声音是**以**什么**形式**传播的?

Shēngyīn shì yǐ shénme xíngshì chuánbō de?

소리는 어떤 방식으로 전파되나요?

③ 这本书是**以**师生对话的**形式**编写的。

Zhè běn shū shì yǐ shīshēng duìhuà de xíngshì biānxiě de.

이 책은 교수와 제자가 대담하는 형식으로 만들어졌다.

---

2 '列入'은 '……에 집어넣다. ……에 들어가다'는 뜻을 나타낸다.

① 此项开支并没有被**列入**预算。

Cǐ xiàng kāizhī bìng méiyǒu bèi lièrù yùsuàn.

이 지출은 예산에 들어가지 않았다.

② 2000年, 跆拳道被**列入**奥运会正式比赛项目。

Èr líng líng líng nián, táiquándào bèi lièrù Àoyùnhuì zhèngshì bǐsài xiàngmù.

2000년에 태권도는 올림픽 정식 종목으로 채택되었다.

场景说明 朴美兰和李心爱一起去晨练……
Piáo Měilán hé Lǐ Xīn'ài yìqǐ qù chénliàn……

朴美兰 心爱，咱们一起去学学太极拳，怎么样？
Xīn'ài, zánmen yìqǐ qù xuéxue tàijíquán, zěnmeyàng?

李心爱 太极拳的节奏太慢了，我受不了。
Tàijíquán de jiézòu tài màn le, wǒ shòubuliǎo.

朴美兰 那去学学快节奏的广场舞吧。
Nà qù xuéxue kuài jiézòu de guǎngchǎngwǔ ba.

李心爱 好啊好啊，我早就想去了，就是不好意思。
Hǎo a hǎo a, wǒ zǎo jiù xiǎng qù le, jiùshì bùhǎoyìsi.

朴美兰 没什么不好意思的，反正谁也不认识谁。
Mi shénme bùhǎoyìsi de, fǎnzhèng shéi yě bú rènshi shéi.

李心爱 等等，那我也要戴个口罩去。
Děngdeng, nà wǒ yě yào dài ge kǒuzhào qù.

广场舞
Guǎngchǎngwǔ

广场舞是由群众自发组织表演的集体舞，是深受中老年群众喜爱的一种文化体育活动，因多在广场表演而得名。

Guǎngchǎngwǔ shì yóu qúnzhòng zìfā zǔzhī biǎoyǎn de jítǐwǔ, shì shēnshòu zhōnglǎonián qúnzhòng xǐ'ài de yì zhǒng wénhuà tǐyù huódòng, yīn duō zài guǎngchǎng biǎoyǎn ér démíng.

因民族、地域、群体的不同，广场舞的表演形式也不尽相同，但大多以娱乐身心为目的，风格欢快，场面红火。

Yīn mínzú, dìyù, qúntǐ de bùtóng, guǎngchǎngwǔ de biǎoyǎn xíngshì yě bújìnxiāngtóng, dàn dàduō yǐ yúlè shēnxīn wéi mùdì, fēnggé huānkuài, chǎngmiàn hónghuǒ.

广场舞的参与者多为中老年人，活动时间多为清晨或傍晚，表演时通常伴有高分贝、节奏感强的音乐伴奏。该噪音经常招致附近扰民投诉。

Guǎngchǎngwǔ de cānyùzhě duō wéi zhōnglǎoniánrén, huódòng shíjiān duō wéi qīngchén huò bàngwǎn, biǎoyǎn shí tōngcháng bànyǒu gāofēnbèi, jiézòugǎn qiáng de yīnyuè bànzòu. Gāi zàoyīn jīngcháng zhāozhì fùjìn rǎomín tóusù.

中国体育总局、文化部表示，将对广场健身操舞活动按照引导、扶持、规范的方针，推动其成为健康有序发展的一种活动。

Zhōngguó Tǐyù Zǒngjú, Wénhuàbù biǎoshì, jiāng duì guǎngchǎng jiànshēn cāo wǔ huódòng ànzhào yǐndǎo, fúchí, guīfàn de fāngzhēn, tuīdòng qí chéngwéi jiànkāng yǒuxù fāzhǎn de yì zhǒng huódòng.

节奏 jiézòu 리듬. 장단. 박자. 템포.

反正 fǎnzhèng 어차피. 결국. 어쨌든. 아무튼.

口罩 kǒuzhào 마스크.

自发 zìfā 자발적인.

地域 dìyù 지역.

不尽相同 bújìnxiāngtóng 완전히 똑같지는 않다.

欢快 huānkuài 유쾌하다. 즐겁고 경쾌하다(통쾌하다).

红火 hónghuǒ 흥청거리다. 왕성하다. 성대하다. 번창하다.

高分贝 gāofēnbèi 높은 데시벨(decibel).

扰民 rǎomín (국민에게) 해(폐)를 끼치다. 피해를 주다.

投诉 tóusù 고소하다. 소송하다.

引导 yǐndǎo 인도하다. 이끌다.

扶持 fúchí 부축하다.

规范 guīfàn 규범화하다.

方针 fāngzhēn 방침.

推动 tuīdòng 밀고 나아가다. 추진하다.

有序 yǒuxù 질서 있다. 차례가 있다.

≫ 구문 설명

1 '伴有'는 동사로 '부수적으로 발생하다. 함께 나타나다.'를 뜻한다.

① 病人不仅头痛、发烧, 还**伴有**呕吐、腹泻等症状。

Bìngrén bùjǐn tóutòng、fāshāo, hái bànyǒu ǒutù、fùxiè děng zhèngzhuàng.

환자는 두통, 발열뿐만 아니라 구토, 설사 등의 증상도 함께 나타났다.

② 地震常常**伴有**海啸发生。

Dìzhèn chángcháng bànyǒu hǎixiào fāshēng.

지진은 자주 쓰나미를 동반하여 발생한다.

2 '招致'는 '(어떤 결과)를 초래하다. 야기하다. 불러일으키다'를 뜻하며 '招来'라고 표현하기도 한다.

① 她虽然是女生, 却有一个十分男性化的名字, 经常**招致**大家的误会。

Tā suīrán shì nǚshēng, què yǒu yí ge shífēn nánxìnghuà de míngzi, jīngcháng zhāozhì dàjiā de wùhuì.

그녀는 비록 여학생이지만 남성적인 이름을 가지고 있어 자주 많은 사람들의 오해를 불러일으킨다.

② 处理这件事一定要小心谨慎, 以免**招致**不必要的损失。

Chǔlǐ zhè jiàn shì yídìng yào xiǎoxīn jǐnshèn, yǐmiǎn zhāozhì bú bìyào de sǔnshī.

이 일을 처리하려면 불필요한 손실을 초래하지 않도록 반드시 조심스럽고 신중해야 한다.

场景说明 朴美兰和李心爱在健身房……
Piáo Měilán hé Lǐ Xīn'ài zài jiànshēnfáng……

朴美兰 我刚办了一张三个月的健身卡。
Wǒ gāng bàn le yì zhāng sān ge yuè de jiànshēnkǎ.

李心爱 你能做到坚持锻炼吗?
Nǐ néng zuòdào jiānchí duànliàn ma?

朴美兰 说实话,不确定。
Shuō shíhuà, bú quèdìng.

李心爱 那为什么要一下子花那么多钱呢?
Nà wèishénme yào yíxiàzi huā nàme duō qián ne?

朴美兰 因为三个月的卡折扣比较多。
Yīnwèi sān ge yuè de kǎ zhékòu bǐjiào duō.

李心爱 无语……
Wúyǔ……

健身须知
Jiànshēn xūzhī

健身前**避免**进食过量。

Jiànshēn qián bìmiǎn jìnshí guòliàng.

健身前先做热身运动，待身体舒展后**方**可使用器械。

Jiànshēn qián xiān zuò rèshēn yùndòng, dài shēntǐ shūzhǎn hòu fāng kě shǐyòng qìxiè.

未成年人及年长者必须有保护人陪同锻炼。

Wèichéngniánrén jí niánzhǎngzhě bìxū yǒu bǎohùrén péitóng duànliàn.

运动时如出现晕眩、恶心、胸痛等症状，请立即停止，必要时请就医。

Yùndòng shí rú chūxiàn yūnxuàn、ěxīn、xiōngtòng děng zhèngzhuàng, qǐng lìjí tíngzhǐ, bìyào shí qǐng jiùyī.

健身时避免闲谈及其他一切分散注意力的行为。

Jiànshēn shí bìmiǎn xiántán jí qítā yíqiè fēnsàn zhùyìlì de xíngwéi.

锻炼后不应立即洗浴，请休息半小时至1小时左右，适当补充水分后，再以温水冲淋。

Duànliàn hòu bù yīng lìjí xǐyù, qǐng xiūxi bàn xiǎoshí zhì yì xiǎoshí zuǒyòu, shìdàng bǔchōng shuǐfèn hòu, zài yǐ wēnshuǐ chōnglín.

无语 wúyǔ 할 말이 없다. 어이가 없다.

须知 xūzhī 주의 사항. 준칙.

热身 rèshēn 준비 운동. 몸 풀기 운동.

待 dài 기다리다.

舒展 shūzhǎn (주름·구김살 따위를) 펴다.

器械 qìxiè 기계. 기구(器具).

陪同 péitóng 모시고 다니다. 수행하다. 동반하다.

晕眩 yūnxuàn 현기증이 나다. 어질어질하다.

闲谈 xiántán 잡담(하다). 한담(하다).

洗浴 xǐyù 목욕하다.

温水 wēnshuǐ 온수. 미지근한 물.

冲淋 chōnglín 쏟아져 내려 적시다. 샤워하다.

≫ 구문 설명

1 '避免'은 '(나쁜 상황을) 방지하다. 면하다.'를 뜻한다.

① 为**避免**争吵, 他选择了沉默。

　　Wèi bìmiǎn zhēngchǎo, tā xuǎnzé le chénmò.

　　싸움을 피하기 위해서 그는 침묵을 선택하였다.

② 成长的路上, 挫折和失败是不可**避免**的。

　　Chéngzhǎng de lùshang, cuòzhé hé shībài shì bùkě bìmiǎn de.

　　성장의 길 위에 좌절과 실패는 피할 수가 없다.

2 '方'은 서면어에 많이 쓰이는 부사로서 '(시간이나 조건 등에 관하여)……
비로소'를 뜻한다. 용법은 구어에서 많이 쓰이는 '才'와 유사하다.

① 知己知彼, **方**能百战百胜。

　　Zhījǐzhībǐ, fāng néng bǎizhànbǎishèng.

　　지피지기면 백전백승할 수 있다.

② 这位选手年**方**二十, 却战绩不菲。

　　Zhè wèi xuǎnshǒu nián fāng èrshí, què zhànjì bùfēi.

　　이 선수는 겨우 20살이지만 전적이 만만치 않다.

172

연습문제

1. 다음 단어들을 어순에 맞게 배열해 보세요.

(1) 去 / 也 / 了 / 我 / 刚才 / 跑步

→ (   )

(2) 扰民 / 经常 / 招致 / 广场舞 / 投诉

→ (   )

(3) 开支 / 列于 / 被 / 没有 / 预算 / 此项

→ (   )

(4) 闲谈 / 分散 / 健身 / 其他 / 时 / 一切 / 行为 / 的 / 及 / 注意力 / 避免

→ (   )

2. 한어병음을 보고 무엇을 말하고 있는지 선택해보시오.

(1) Zhè zhǒng quánshù jùyǒu nèiwàijiānxiū、róuhé、huǎnmàn、qīnglíng、gāngróuxiāngjì de tèdiǎn. → (   )

① 太极拳   ② 健身卡   ③ 广场舞

(2) 가: Zánmen yìqǐ qù xuéxue tàijíquán, zěnmeyàng?
나: Háishi qù xuéxue kuài jiézòu de guǎngchǎngwǔ ba. → (   )

① 就医   ② 学习   ③ 晨练

3. 빈칸을 채우시오.

(1) 我早就想去了，_____不好意思。

(2) 打太极拳的人_____有爷爷奶奶，也有年轻人。

(3) 健身前先做热身运动，待身体舒展后_____可使用器械。

(4) 声音是_____什么形式传播的？

4. 笑话

A: 健身房里面使用频率最高的器材是什么？
B: 镜子。
A: ……

| 频率 | pínlǜ | 빈도 |
| 器材 | qìcái | 기계 |

12 勤工助学

场景说明 朴美兰和李心爱谈兼职……
Piáo Měilán hé Lǐ xīn'ài tán jiānzhí……

李心爱 美兰，你帮我看看这则广告。
Měilán, nǐ bāng wǒ kànkan zhè zé guǎnggào.

朴美兰 招聘启事，……你想做兼职啊?
Zhāopìn qǐshì, ……nǐ xiǎng zuò jiānzhí a?

李心爱 是啊，做喜欢的事，还可以赚钱，不好吗?
Shì a, zuò xǐhuan de shì, hái kěyǐ zhuànqián, bù hǎo ma?

朴美兰 好是好，不过，你得先问问老师。
Hǎo shì hǎo, búguò, nǐ děi xiān wènwen lǎoshī.

李心爱 去应聘必须要老师批准吗?
Qù yìngpìn bìxū yào lǎoshī pīzhǔn ma?

朴美兰 据我所知，不仅要老师批准，还要公安机关批准呢。
Jù wǒ suǒ zhī, bùjǐn yào lǎoshī pīzhǔn, hái yào gōng'ān jīguān pīzhǔn ne.

留学生勤工助学的法律规定
Liúxuéshēng qíngōngzhùxué de fǎlǜ guīdìng

《中华人民共和国外国人入境出境管理条例》(以下简称《条例》) 规定: 持学习类居留证件的外国人需要在校外勤工助学或者实习的, 应当**经**所在学校**同意**后, 向公安机关出入境管理机构申请居留证件加注勤工助学或者实习地点、期限等信息。

《Zhōnghuá Rénmín Gònghéguó Wàiguórén Rùjìng Chūjìng Guǎnlǐ Tiáolì》(yǐxià jiǎnchēng《Tiáolì》) guīdìng: Chí xuéxí lèi jūliú zhèngjiàn de wàiguórén xūyào zài xiàowài qíngōngzhùxué huòzhě shíxí de, yīngdāng jīng suǒzài xuéxiào tóngyì hòu, xiàng gōng'ān jīguān chūrùjìng guǎnlǐ jīgòu shēnqǐng jūliú zhèngjiàn jiāzhù qíngōngzhùxué huòzhě shíxí dìdiǎn、qīxiàn děng xìnxī.

来华实习留学生, 持学习类居留证件的外国人所持居留证件未加注前款规定信息的, **不得**在校外勤工助学或实习。

Láihuá shíxí liúxuéshēng, chí xuéxí lèi jūliú zhèngjiàn de wàiguórén suǒ chí jūliú zhèngjiàn wèi jiāzhù qiánkuǎn guīdìng xìnxī de, bùdé zài xiàowài qíngōngzhùxué huò shíxí.

《条例》进一步明确了聘用外国人工作或者招收外国留学生的单位的报告义务, 规定外国人离职或者变更工作地域、招收的留学生因为毕业等原因离开原招收单位的, 应当及时向所在地县级以上地方人民政府公安机关出入境管理机构报告。

《Tiáolì》jìn yí bù míngquè le pìnyòng wàiguórén gōngzuò huòzhě zhāoshōu wàiguó liúxuéshēng de dānwèi de bàogào yìwù, guīdìng wàiguórén lízhí huòzhě biàngēng gōngzuò dìyù, zhāoshōu de liúxuéshēng yīnwei bìyè děng yuányīn líkāi yuán zhāoshōu dānwèi de, yīngdāng jíshí xiàng suǒzàidì xiànjí yǐshàng dìfāng rénmín zhèngfǔ gōng'ān jīguān chūrùjìng guǎnlǐ jīgòu bàogào.

可以认为,《条例》虽然对外国留学生实习等进行了规范, 其实是为外国留学生"打工"赋予合法性的权宜之计。

Kěyǐ rènwéi,《Tiáolì》suīrán duì wàiguó liúxuéshēng shíxí děng jìnxíng le guīfàn, qíshí shì wèi wàiguó liúxuéshēng "dǎgōng" fùyǔ héfǎxìng de quányízhījì.

勤工助学 qíngōngzhùxué 아르바이트.

兼职 jiānzhí 겸직.

则 zé 조항. 문제. 편. 토막.

招聘 zhāopìn 모집하다.

启事 qǐshì 광고. 고시(告示). 공고.

赚钱 zhuànqián 돈을 벌다. 이윤을 얻다.

应聘 yìngpìn 초빙(부름)에 응하다. 지원하다.

批准 pīzhǔn 허가. 승인. 시인.

据我所知 jù wǒ suǒ zhī 내가 알기로는. 내가 알고 있는 바에 의하면.

条例 tiáolì 조례. 규정. 조항.

简称 jiǎnchēng 약칭(하다).

持 chí 끝까지 지키다. 견지(堅持)하다. 지속하다.

居留 jūliú 체류하다.

加注 jiāzhù 주를[주석을] 달다.

不得 bùdé (……해서는) 안 된다. 할 수가 없다.

聘用 pìnyòng 고용. 임용.

离职 lízhí 이직(하다). (잠시) 직무를 떠나다.

变更 biàngēng 변경(하다). 고치다.

赋予 fùyǔ 부여하다. 주다.

权宜之计 quányízhījì 일시적인 방편[계책].

≫ 구문 설명

1 '经······同意'는 '······동의를 거쳐. 동의를 받아'를 뜻하며 '经过······的同意'
로 쓰이기도 한다. 이 구조는 공문의 문체에 많이 쓰이며, 유사한 표현들로
는 '经······允许', '经······确认' 등이 있다. 부정형식은 '未经······同意 / 许
/ 确认'이고, 과거형식은 '业经······同意 / 允许 / 确认' 등이 있다.

① 本合同期满后, **经**双方重新协商**同意**后可签署续约协议。
Běn hétóng qīmǎn hòu, jīng shuāngfāng chóngxīn xiéshāng tóngyì hòu kě
qiānshǔ xùyuē xiéyì.

계약기간이 끝난 뒤, 양측은 재협상 동의를 거친 후 재계약 체결을 할 것이다.

② **未经**出租人**同意**, 不得转租房屋。
Wèi jīng chūzūrén tóngyì, bùdé zhuǎnzū fángwū.

임대인 동의를 거치지 않으면 집을 전대할 수가 없다.

2 '不得'은 '(어떤 압력이나 제한 때문에) ······할 수 없다. ······해서는 안 된
다'를 뜻하며 '不能', '不许'로 대체하여 사용할 수 있다. '不得'은 종종 공
문의 문체에 많이 쓰인다.

① 未经允许, 学员**不得**擅自离校。
Wèi jīng yǔnxǔ, xuéyuán bùdé shànzì líxiào.

허가를 받지 않으면 수강생은 독단적으로 학교를 떠날 수가 없다.

② 航空公司规定, 此类特价机票**不得**改签。
Hángkōng gōngsī guīdìng, cǐ lèi tèjià jīpiào bùdé gǎiqiān.

항공회사 규정에 이 같은 특가 항공권은 변경할 수가 없다.

场景说明　李心爱向王老师咨询兼职事宜……
Lǐ Xīn'ài xiàng Wáng lǎoshī zīxún jiānzhí shìyí……

李心爱　王老师，这份兼职的机会很难得，我很想去锻炼一下。
Wáng lǎoshī, zhè fèn jiānzhí de jīhuì hěn nándé, wǒ hěn xiǎng qù duànliàn yíxià.

王老师　我看看……工作单位很正规，工作时间也还可以。
Wǒ kànkan……gōngzuò dānwèi hěn zhèngguī, gōngzuò shíjiān yě hái kěyǐ.

李心爱　老师您同意了，是吗？
Lǎoshī nín tóngyì le, shì ma?

王老师　怎么说呢？ 我不明确支持，但是也不反对。
Zěnme shuō ne? Wǒ bù míngquè zhīchí, dànshì yě bù fǎnduì.

李心爱　那是什么意思啊？
Nà shì shénme yìsi a?

王老师　算是勉强可以的意思吧。你可千万别耽误学习啊。
Suànshì miǎnqiǎng kěyǐ de yìsi ba. Nǐ kě qiānwàn bié dānwù xuéxí a.

勤工助学是否要在居留证件上加注?

Qíngōngzhùxué shìfǒu yào zài jūliú zhèngjiàn shang jiāzhù?

需要向出入境管理机构申请在居留证件上加注时，各地具体办理流程略有差异，应该咨询所在地公安出入境部门，或通过所在学校的留学生办公室、国际学院或国际协力处咨询。

Xūyào xiàng chūrùjìng guǎnlǐ jīgòu shēnqǐng zài jūliú zhèngjiàn shang jiāzhù shí, gè dì jùtǐ bànlǐ liúchéng lüè yǒu chāyì, yīnggāi zīxún suǒzàidì gōng'ān chūrùjìng bùmén, huò tōngguò suǒzài xuéxiào de liúxuéshēng bàngōngshì, guójì xuéyuàn huò guójì xiélìchù zīxún.

需要注意的是: 勤工助学或实习等首先需经所在学校确认。

Xūyào zhùyì de shì: qíngōngzhùxué huò shíxí děng shǒuxiān xū jīng suǒzài xuéxiào quèrèn.

申报材料通常如下所示:

Shēnbào cáiliào tōngcháng rúxià suǒshì:

1. 《外国人签证证件申请表》;

   《Wàiguórén qiānzhèng zhèngjiàn shēnqǐngbiǎo》;

2. 近期二寸半身正面免冠照片一张;

   Jìnqī èr cùn bànshēn zhèngmiàn miǎnguān zhàopiàn yì zhāng;

3. 有效护照或者其他国际旅行证原件和复印件;

   Yǒuxiào hùzhào huòzhě qítā guójì lǚxíngzhèng yuánjiàn hé fùyìnjiàn;

4. "境外居留人员基本信息"表 (住地派出所或宾馆出具);

   "Jìngwài jūliú rényuán jīběn xìnxī"biǎo (zhùdì pàichūsuǒ huò bīnguǎn chūjù);

5. 提交与申请事由相关的证明材料;

   Tíjiāo yǔ shēnqǐng shìyóu xiāngguān de zhèngmíng cáiliào;

6. 其他应当履行的手续和提交的证明材料。

   Qítā yīngdāng lǚxíng de shǒuxù hé tíjiāo de zhèngmíng cáiliào.

正规 zhèngguī 정규적인. 정식의.

支持 zhīchí 지지하다.

算是 suànshì ……인 셈이다. ……라 할 수 있다.

勉强 miǎnqiǎng 간신히. 가까스로. 억지로.

流程 liúchéng 과정. 흐름. 계통.

略有 lüè yǒu 약간.

差异 chāyì 차이.

咨询 zīxún 자문하다. 상의하다. 의논하다.

申报 shēnbào 상급 기관이나 관련 기관에 보고하다. 신고하다.

免冠 miǎnguān 모자를 벗다. 탈모(脱帽)(의).

旅行证 lǚxíngzhèng 여행증.

原件 yuánjiàn 원본.

复印件 fùyìnjiàn 복사물. 복사본.

出具 chūjù (관청이) 서류를 작성·발행하다.

事由 shìyóu 사유. 일의 까닭. 이유.

履行 lǚxíng 이행하다. 실행하다.

1 '略有'는 '약간'을 뜻하며 '稍有'와 서로 대체하여 사용할 수 있다.

① 我对中国美食略有研究。

Wǒ duì Zhōngguó měishí lüè yǒu yánjiū.

저는 중국 음식에 대해 연구를 좀 하고 있다.

② 今年的房价略有下降。

Jīnnián de fángjià lüè yǒu xiàjiàng.

금년의 집값은 약간 하락하고 있다.

2 '与……相关'은 '……와/과 관련이 있다'를 뜻하며 '与……有关'과 서로 대체하여 사용할 수 있다. 이 구조의 부정 형식은 '与……无关'이다.

① 我家有很多与医药相关的书籍。

Wǒ jiā yǒu hěn duō yǔ yīyào xiāngguān de shūjí.

우리 집에는 의약과 관련된 서적이 많이 있다.

② 洁净的水源与我们的生存密切相关。

Jiéjìng de shuǐyuán yǔ wǒmen de shēngcún mìqiè xiāngguān.

청결한 수원은 우리들의 생존과 밀접한 관련이 있다.

场景说明 朴美兰问李心爱兼职感想……
Piáo Měilán wèn Lǐ Xīn'ài jiānzhí gǎnxiǎng……

朴美兰 心爱，你的兼职做得怎么样？
Xīn'ài, nǐ de jiānzhí zuò de zěnmeyàng?

李心爱 挺好的，就是刚开始完全听不懂别人说什么。
Tǐng hǎo de, jiùshì gāng kāishǐ wánquán tīngbudǒng biérén shuō shénme.

朴美兰 那很正常。现在好多了吧？
Nà hěn zhèngcháng. Xiànzài hǎo duō le ba?

李心爱 好点儿了。你也来挑战一下？
Hǎo diǎnr le. Nǐ yě lái tiǎozhàn yíxià?

朴美兰 其实我也想兼个职，但我怕自己的实力不够。
Qíshí wǒ yě xiǎng jiān ge zhí, dàn wǒ pà zìjǐ de shílì bú gòu.

李心爱 你的语言能力那么好，没问题的。
Nǐ de yǔyán nénglì nàme hǎo, méi wèntí de.

招聘启事
Zhāopìn qǐshì

本公司诚招韩籍兼职人员一名，负责润色韩语文稿，欢迎韩国留学生在学习之余前来应聘。

Běn gōngsī chéngzhāo Hánjí jiānzhí rényuán yì míng, fùzé rùnsè Hányǔ wéngǎo, huānyíng Hánguó liúxuéshēng zài xuéxí zhī yú qián lái yìngpìn.

要求有一定的文字能力，熟悉word及excel等办公软件，工作认真细致，责任心强。

Yāoqiú yǒu yídìng de wénzì nénglì, shúxī word jí excel děng bàngōng ruǎnjiàn, gōngzuò rènzhēn xìzhì, zérènxīn qiáng.

须提供个人简历一份，并提供学历证明、奖惩事项证明、语言证书等材料的电子版扫描件。

Xū tígōng gèrén jiǎnlì yí fèn, bìng tígōng xuélì zhèngmíng、jiǎngchéng shìxiàng zhèngmíng、yǔyán zhèngshū děng cáiliào de diànzǐbǎn sǎomiáojiàn.

经过简历筛选和部门面试后签订录用协议，有口译、笔译经验者优先考虑。

Jīngguò jiǎnlì shāixuǎn hé bùmén miànshì hòu qiāndìng lùyòng xiéyì, yǒu kǒuyì、bǐyì jīngyàn zhě yōuxiān kǎolǜ.

薪酬面议。

Xīnchóu miànyì.

挑战 tiǎozhàn 도전하다.

其实 qíshí 사실은. 실제는.

润色 rùnsè 다듬다. 윤색하다.

文稿 wéngǎo 초고

应聘 yìngpìn 지원하다. 초빙에 응하다.

简历 jiǎnlì 약력(略歷).

电子版 diànzǐbǎn 전자판.

扫描件 sǎomiáojiàn 스캔본.

筛选 shāixuǎn 전형.

签订 qiāndìng 조인하다. (조약을) 체결하다. 함께 서명하다.

协议 xiéyì 협의(하다). 합의(하다).

薪酬 xīnchóu 봉급. 보수.

≫ 구문 설명

1 '······**之余**'는 '······이외의 시간, ······의 여가'를 뜻하며 서면어에 많이 쓰인다.

① 工作和学习**之余**, 我喜欢和老朋友聚聚。
Gōngzuò hé xuéxí zhī yú, wǒ xǐhuan hé lǎo péngyou jùju.

일과 학습 이외의 시간에 나는 옛 친구와 모이는 것을 좋아한다.

② 美兰被国外的名牌大学录取了, 欢喜**之余**, 她也有些不安。
Měilán bèi guówài de míngpái dàxué lùqǔ le, huānxǐ zhī yú, tā yě yǒu xiē bù'ān.

미란은 해외의 유명대학에 합격하여 즐겁기도 하지만 조금 불안하다.

2 '**面议**'는 '직접 만나서 의논하다'를 뜻하며 의논할 내용은 '价格面议'와 같이 주로 가격을 말한다.

① 很多企业在招聘时, 都写着'薪资**面议**'。
Hěn duō qǐyè zài zhāopìn shí, dōu xiě zhe 'xīnzī miànyì'.

많은 기업이 초빙할 때 '임금에 대해 직접 만나 의논함'이라고 쓴다.

② 火车站附近商铺出租, 具体事宜**面议**。
Huǒchēzhàn fùjìn shāngpù chūzū, jùtǐ shìyí miànyì.

기차역 부근 점포 임대의 구체적 사안을 직접 만나서 상의하다.

1. 다음 단어를 어순에 맞게 배열해 보세요.

(1) 允许 / 学员 / 未经 / 不得 / 离校 / 擅自
→ (   )

(2) 今年 / 房价 / 的 / 略有 / 下降
→ (   )

(3) 实力 / 怕 / 自己 / 不够 / 的 / 我
→ (   )

(4) 协议 / 筛选 / 经过 / 录用 / 后 / 简历 / 签订
→ (   )

2. 한어병음을 보고 누가 한 말인지 선택해보시오.

(1) Běn jīgòu jíxū Hànyǔ jiānzhí jiàoshī, xīnzī miànyì.　→ (   )

① 应聘者　　　② 读者　　　③ 招聘单位

(2) Chí xuéxí lèi jūliú zhèngjiàn de qǐng dào bā hào chuāngkǒu jiāzhù xìnxī.　　　→ (   )

① 国际学院　　　② 公安机关　　　③ 宾馆

3. 빈칸을 채우시오.

(1) 实习等勤工助学行为首先需＿＿＿＿＿＿所在学校确认。

(2) 我想找＿＿＿＿＿＿兼职！

(3) 美兰，你帮我看看这＿＿＿＿＿＿广告。

(4) 这项规定为外国留学生"打工"＿＿＿＿＿＿了合法性。

4. 笑话

A: 你们公司缺人吗？

B: 我们倒是很愿意录用您，小姐，可是眼下经济危机，没活儿干。

A: 有没有活儿干我倒不计较，只要有工资就行！

B：……

> **录用** lùyòng 고용하다. 채용하다.
> **危机** wēijī 위기.
> **计较** jìjiào 승강이하다.

본문해석·연습문제 해답

01 비행기를 타고 중국에 갑니다.

장면 1

장면설명 박미란은 탑승구에서 방금 알게 된 이심애와 대화를 나눈다.

박미란 전 상해로 유학을 갑니다. 당신은요? 여행 가시나요?

이심애 아뇨. 저도 상해로 유학을 갑니다.

박미란 너무 잘 됐네요. 그럼 앞으로 우리 친구해요.

이심애 그래요.

박미란 곧 비행기를 타고 중국으로 가니 너무 흥분되네요.

이심애 들어 봐요. 탑승안내방송이 시작되었어요.

탑승안내 방송

중국 동방항공 MU5042편을 타고 상해로 가시는 승객께서는 지금 탑승하시기 바랍니다.

상해로 가시는 승객께서는 5번 탑승구로 탑승하시기 바랍니다.

장면 2

장면설명 박미란과 이심애는 비행기에 올랐다.

박미란 우리 좌석은 이쪽이에요.

이심애 제 좌석은 창가 쪽이고 당신은 통로 쪽이에요.

박미란 안전벨트 매는 것을 잊지 마세요.

이심애   알았어요. 비행기가 이륙하려는 거죠?

박미란   네. 상해 날씨가 어떨지 모르겠네요.

이심애   이따가 기내방송을 들어봐요.

기내방송 - 환영 인사말

승객 여러분 안녕하십니까! 저희 동방항공 상해행 MU5042편에 탑승하신 것을 환영합니다.

오늘 비행 예정 시간은 이륙 후 1시간 50분이 소요될 예정입니다.

한국과 중국은 한 시간의 시차가 있습니다. 지금은 현지 시간으로 오후 1시 20분입니다.

상해 날씨는 맑으며 온도는 섭씨 15도입니다.

지금부터 오늘의 기내식을 제공하겠습니다.

좌석 앞부분의 TV에는 손님들을 위한 다양한 프로그램이 준비되어 있으니 사용하시기 바랍니다.

목적지까지 편안한 시간 보내시고, 즐거운 여행 되십시오.

장면 3

장면설명   비행기가 곧 착륙을 하려고 합니다.

박미란   상해는 한국에서 아주 가깝네요.

이심애   네. 두 시간이 채 걸리지 않아요.

박미란   다음번에는 가족들보고 상해에 놀러 오라고 해도 되겠어요.

이심애   괜찮은 생각이에요.

박미란   이제 상해공항에 도착하려나 봐요.

이심애   기내방송에서 비행기가 곧 착륙한다고 말하고 있는 것 같아요.

도착안내 방송

저희 비행기는 곧 상해 포동(浦東) 국제공항에 착륙하겠습니다.

지금은 현지 시간으로 오후 4시 30분입니다.

저희 중국동방항공을 이용해주셔서 대단히 감사합니다. 앞으로도 승객 여러분들을 위해 더욱 더 훌륭한 서비스를 제공할 수 있기를 바랍니다.

비행기에서 내리실 때에는 곁에 두신 물건을 잊지 마시고, 선반을 열 때에는 짐이 떨어지지 않도록 안전에 주의하시기 바랍니다.

저희 전 승무원들은 승객 여러분께 다시 한 번 감사의 말씀을 드립니다. 즐거운 여행되십시오.

연습문제 정답

1. (1) 下机时不要忘了您的随身行李。

(2) 搭乘MU-5042班机前往上海的旅客现在开始登机。

(3) 本班飞机已经降落在上海浦东国际机场了。

(4) 座位前方电视有各项娱乐节目供您选择。

2. (1) 本班机全体组员预祝您旅途愉快。 → ③

(2) 请前往首尔的旅客在8号登机口登机。 → ③

3. (1) 搭乘　　(2) 为　　(3) 系　　(4) 预祝

4. 飞机

02 자유여행

장면 1

장면설명　박미란은 이심애와 함께 여행을 가려고 합니다. 지금 그녀들은 전화로 서로의 위치를 확인하고 있다.

박미란　심애, 나 곧 (기차)역에 도착해. 너는 (어디쯤이야)?

이심애　난 벌써 (기차)역 대합실 입구에 도착했어.

박미란　빨리 왔네. 생필품은 다 챙겼지?

이심애　걱정 마. 다 챙겼으니까.

박미란　좋았어. 이따가 봐.

이심애　그래 잠시 뒤에 만나.

장면 2

장면설명 박미란과 이심애는 기차를 타고 주말여행을 하기 시작했다.

박미란 기차여행은 정말 괜찮아.

이심애 맞아, 돈도 절약되고 바깥의 경치도 실컷 감상할 수 있잖아.

박미란 우리 즐거운 여행이 되었으면 좋겠어.

이심애 안내방송을 시작하나 봐. 뭐라고 하는 거지?

박미란 아마도 승차권 검사를 한다는 가봐.

이심애 그럼 승차권을 서둘러 준비해 두자.

성의껏 해결해 드리겠습니다.

본 열차의 서비스를 개선하기 위하여 매 객차에 건의함이 설치되어 있습니다.
만일 건의사항이 있으시다면 (객차에 설치되어 있는) 건의서에 기탄없이 작
성해 주십시오. 이것은 업무 개선과 서비스 향상에 도움이 되기 때문입니다.

장면 3

장면설명   박미란은 이심애와 기차 안에서 목적지인 소주(蘇州)에 대해 대화를
           나누고 있다.

박미란   친구들 모두 소주는 역사적인 문화재가 많은 유명한 도시라고들 해.

이심애   나도 "하늘에는 천당이 있고 땅에는 소주와 항주(杭州)가 있다"라는
       말을 들었어.

박미란   오늘 소주의 아름다운 경치를 마음껏 감상하자.

이심애   들어봐. (소주)역에 도착했다는 (방송)소리가 들려.

박미란   그래. 짐 잘 챙기고 내릴 준비하자.

이심애   와~, 아름다운 소주를 곧 보게 되겠네.

도착역 방송

승객 여러분, 열차가 곧 소주(蘇州)역에 도착하겠습니다.

하차나 환승을 하시는 승객 여러분은 자신의 휴대품을 잘 정리하시고 절대
열차에 두고 내리지 않도록 주의해 주시기 바랍니다.

하차를 하지 않으시는 승객께서는 서로의 물품이 바뀌지 않도록 자신의 물품
을 잘 보관하십시오.

역의 플랫폼을 걷거나 식품을 구매하는 승객께서는 열차 출발 소리에 주의하
시고 출발소리가 나면 곧장 승차하시기 바랍니다.

역내의 위생 청결을 유지하기 위하여 열차가 정차하면 승객 여러분께선 열차
내의 화장실을 사용하지 마시기 바랍니다.

연습문제 정답

01   (1) 全体乘务人员祝愿各位旅客旅行愉快。
      (2) 朋友们都说苏州是个有名的历史文化古城。

(3) 列车运行前方到站是苏州车站。

(4) 停车时，请旅客朋友不要使用车内的厕所。

　　旅客朋友，停车时，请不要使用车内的厕所。

02 (1) 请问，这车是开往苏州的吗？ → ③

(2) 旅客朋友们，火车里禁止吸烟。 → ①

03 (1) 千万　　(2) 对　　(3) 保持　　(4) 即使，也

04 火车

03 중국문화 체험

장면 1

장면설명 학교에서 외국유학생 모임을 구성하여 상해를 참관하고 중국문화를 체험한다.

선생님 상해로 유학 온 여러분을 환영합니다. 상해를 알고 있습니까?

유학생1 상해는 중국의 경제와 금융 중심이라고 들었습니다.

유학생2 상해는 중국에서 가장 발전한 도시라고 들었습니다.

선생님 모두 맞는 말입니다. 그럼 상해를 한번 구경해 보겠습니까?

전체유학생 좋아요. 좋아요.

선생님 그럼 먼저 동방명주 TV타워를 보러 갑시다.

동방명주 TV타워

상해 동방명주 TV타워는 상해 포동 루자쭈이에 위치해 있습니다. 이 탑의 높이는 468미터에 달하고 아시아에서는 가장 높으며 세계에서 세 번째로 높습니다.

259미터 관광 층에는 세계에서 가장 높은 공중 우체국인 "동방명주 하늘우체국"이 있습니다. 관광할 때 친지와 친구들을 위해 가장 온화하고 향기로운 하늘의 축복을 보낼 수 있습니다.

명성이 국내외에 자자한 동방명주의 하늘 회전 레스토랑은 상해 동방명주 TV

타워 267미터 구형(球形)에 자리 잡고 있으며 아시아에서 가장 높은 회전 레스토랑입니다.

동방명주 TV타워는 다양한 서비스 기능을 겸비하고 있어 상해의 랜드 마크이자 인기 관광지 중의 하나입니다.

장면 2

장면설명 선생님은 유학생들을 데리고 상해 엑스포를 참관하려고 한다.

선생님　여러분 모두 엑스포를 알고 있죠?

유학생1 세계 박람회를 말씀하시는 겁니까?

선생님　그래요. 2010년의 엑스포가 어디서 거행되었는지 알고 있나요?

유학생2 제 기억으로는 상해로 알고 있습니다.

선생님　맞습니다. 지금 우리는 상해 엑스포 전시관을 관람하러 갈 것입니다.

전체유학생 너무 좋습니다.

2010년 상해 세계박람회

제 41회 세계박람회는 2010년 5월 1일에서 10월 31일까지 중국 상해에서 열렸습니다.

중국은 2010년 상해 세계박람회(Expo)의 테마를 "도시, 생활을 더욱 아름답게"라고 표현했습니다.

엠블럼은 세 사람이 함께 포옹하고 있는 도형으로 아름답고 행복하며 함께 기쁨을 즐기는 세 식구인 가정을 상징할 뿐만 아니라 "당신, 나, 그대"라는 전 인류를 상징하기도 합니다.

엑스포의 마스코트는 "해보"입니다. 해보는 한자의 "사람 인(人)"자를 핵심 아이디어로 하였고 푸른 바다색은 생명과 활력을 나타냅니다. 해보의 웃음은 중국의 적극적이고 긍정적인 정신을 상징합니다. 해보가 가슴을 쭉 펴고 머리를 쳐든 동작과 두 손의 조화는 포용과 열정을 상징합니다. 해보가 치켜든 엄지손가락은 세계 각 지역의 친구들에게 보내는 진정한 초청을 상징하고 있습니다.

장면 3

장면설명 선생님은 유학생들을 데리고 상해의 고전적인 아름다움을 체험하러 가려 한다.

선생님 여러분은 상해는 어떠한 도시라고 생각되나요?

유학생1 전 상해는 국제화의 도시라고 생각됩니다.

유학생2 전 상해는 경제가 발전한 현대화 도시라고 생각됩니다.

유학생3 선생님, 전 상해 또한 고전적인 아름다움과 현대미가 공존하는 도시라고 들었는데 맞나요?

선생님 그렇습니다. 상해는 우아하고 아름다운 고대 건축을 많이 보존하고 있습니다. 오늘은 여러분과 선생님이 함께 상해의 고전적인 아름다움을 체험하러 갑시다.

예원

예원은 상해시 동북부에 위치하고 있으며 성황묘와 인접한 강남의 고전적인 원림입니다.

예원은 원래 명대의 개인이 가지고 있던 정원으로 오늘날까지 사백여 년의 역사를 지니고 있습니다.

예원의 "예"는 "평안하고 태평함"을 뜻합니다. "예원"이라는 이름을 따서 "연로한 부모님을 편안하고 즐겁게 해드린다"라는 의미를 나타냅니다.

예원의 부지는 900여 평으로, 정원 내에는 정자와 노대, 누각, 석가산, 못 등 40여 곳의 고대건축물이 있습니다.

예원은 1961년 대중들에게 개방을 시작하여 정원 내에서는 꽃 박람회, 연등회, 서화전 등의 행사를 여는 주요 장소가 되었습니다.

연습문제 정답

1. (1) 2010年的世博会在上海举行。

(2) 上海保留着很多优美典雅的古代建筑。

(3) "海宝"的欢笑象征着中国积极乐观的精神面貌。

(4) 我觉得上海是一个经济发达的现代化城市。

2. (1) 它原是明代的一座私人园林，距今已有四百多年的历史了。 → ②

(2) 它坐落在上海浦东陆家嘴尖，高达468米，位居亚洲第一，世界第三
→ ③

3. (1) 象征　　(2) 共存　　(3) 中外　　(4) 海宝

04 광고

장면 1

장면설명　박미란은 이심애에게 다이어트 방법을 묻고 있다.

박미란　네가 볼 때 최근에 내가 뭔가 달라진 것 같니?

이심애　어디 보자. 이전보다 더 고와지고 예뻐졌어.

박미란　뭐가 예쁘다는 거야. 난 2킬로그램이나 살쪘는데.

이심애　너 다이어트로 살을 뺄 생각이니?

박미란　물론이지. 무슨 좋은 방법이라도 있는 거니?

이심애　"비연 감비차"라 부르는 다이어트 차 광고를 본 적이 있어.

비연 감비차

여성들은 매일 배, 다리, 허리의 살을 빼고 싶어해요.

비연 감비차는 천연 재료로 조제된 것으로 편안하게 살을 뺄 수 있어요.

비연 감비차를 마시면 살이 '확' 빠져 날씬해지니 지나친 식이 요법은 피해주세요.

빨리 당신의 장을 깨끗이 청소하세요.

매일매일 마시면 살이 빠져 젊은 미모가 살아납니다.

친환경 제품으로 살을 빼서 몸매가 더욱 자연스러워요.

장면 2

장면설명　박미란은 이심애에게 『비성물요(非誠勿擾)』 속의 구혼광고를 소개하고 있다.

박미란　『비성물요』영화 본적이 있니?

이심애　보지 못했는데, 어땠어?

박미란　재미있어. 한번 볼 만해.

이심애　어떤 줄거리가 가장 재미있었니?

박미란　구혼광고 부분인데 말이 익살스러우면서 재미있어.

이심애　시간 되면 나도 봐야겠다.

구혼광고

제 자신을 소개하겠습니다. 전 나이가 이미 적지 않고 살림은 먹고 살 만하며 흡연은 하나 술은 마시지 않습니다.

외국에서 십여 년간 있었는데 유학생의 신분으로 출국했지만 학교를 제대로 다닌 적은 없습니다.

인품은 그저 그렇고 성실한 편이 아니며 선천적으로 소심합니다.

상대방이 저에게 실망하지 않도록 석사학력 이상이나 기업가는 사절입니다.

외모는 세련되고 마음은 보수적이며 심신이 건강하고 평범한 사람이면 됩니다. 생각이 너무 많지 않고 나이도 너무 적지 않았으면 합니다.

관심 있는 분은 전화 연락주시고 진심이 아니라면 연락 주지 마시길 바랍니다.

장면 3

장면설명　박미란은 이심애와 중국어 수준을 향상시키려고 과외선생님을 구할 생각이다.

박미란　진짜 외국어를 잘 배우는 것은 너무 어려워.

이심애　최근 들어 나도 깊이 공감해.

박미란　많은 외국 유학생들이 중국어 과외선생님을 구하고 있어.

이심애　그럼 우리도 한 명 구하면 어떨까?

박미란　봐. 저쪽 게시판에 과외 포스터가 붙어 있네.

이심애　와우. 이 과외 쌤 꽤 괜찮은 것 같은데.

과외선생님 구함

친애하는 외국 친구 여러분 안녕하세요.

본인은 중문과 대학 3학년에 재학 중입니다. 수업이 많지 않아 과외 일을 구하고 있습니다.

혹시 자신의 중국어 수준을 향상시켜서 유창한 중국어로 중국에서 아무런 지장 없이 편하게 다니시려면 신속히 연락 주십시오.

저를 믿고 맡겨만 주신다면 편하고 즐거운 분위기 속에서 중국어를 좋아하게 되고 중국어를 잘 할 수 있을 겁니다.

과외시간: 월요일~금요일 오후 다섯 시 이후, 토요일 일요일 시간은 선택 가능. 오랜 기간과 짧은 기간 모두 가능합니다.

상담전화: 136-1099-8888, 연락 담당자: 오은서

연습문제 정답

1. (1) 我看很多外国留学生都在请中文家教。
   (2) 快给你的肠子洗洗澡吧。
   (3) 那边的布告栏上贴着家教广告呢！
   (4) 外表时尚、内心保守、身心都健康的一般人就行。
2. (1) 我想找一位身心健康、心眼好的年轻女性为伴侣。 ➜ ③
   (2) 如果你想提高汉语水平，请速速与我联系。 ➜ ①
3. (1) 比　　(2) 太　　(3) 省得　　(4) 只要

---

05 숙박

장면 1

장면설명　관광이 끝난 후 박미란은 이심애와 함께 편안한 호텔을 찾아 묵으려고 한다.

박미란　하루 종일 관광을 하니 정말 피곤해.

이심애　정말 지금이라도 침대에 드러누워 자고 싶어.

박미란   저녁에 우리 편안한 호텔을 찾아 쉬어야겠어.

이심애   맞는 말이야. 좀 비싸도 괜찮아.

박미란   쾌적할 뿐만 아니라 안전하고 깨끗해야 해.

이심애   그럼 친구들이 추천한 가든 호텔로 가자.

가든 호텔

가든 호텔은 시내 중심가에 위치한 고품격의 동서양 문화가 조화된 최신형 호텔입니다.

우아하고 세련된 분위기의 객실과 조용한 환경, 세심한 서비스 등 완벽한 시설을 갖추고 있습니다.

본 호텔은 전천후 온수, 텔레비전, 초고속 인터넷, 전화, 에어컨 등을 제공합니다.

호텔 내에서는 배드민턴, 골프, 수영을 할 수 있고, 주차장, 레스토랑, 회의실 등의 부대시설도 갖추고 있습니다.

가든 호텔은 당신의 방문을 기다립니다.

특별 공지사항:

숙박료에는 봉사료만 포함되어 있으며 그 밖의 비용은 포함되지 않습니다. 일반적으로 호텔 입실시간은 오후 2시이며 퇴실시간은 익일 정오 12시입니다. 만일 예정된 시간보다 일찍 입실하거나 늦게 떠날 경우에는 모든 사정을 감안하여 일정한 비용이 추가됩니다.

장면 2

장면설명 박미란은 이심애와 가든 호텔에 대한 의견을 나눈다.

박미란   심애야 어제 밤에는 잘 잤니?

이심애   깊이 잘 자고, 지금 컨디션이 아주 좋아.

박미란   이 호텔은 정말 괜찮은 것 같아. 어쩐지 모두가 강력히 추천하더라.

이심애   그래. 완벽한 시설뿐만 아니라 서비스도 친절하고 꼼꼼해.

박미란   다음에 기회가 된다면 우리 다시 이곳에 와 숙박하자.

이심애   그래. 떠나기 전에 호텔 숙박건의서(불편사항 신고서)작성하는 것 잊지 마.

호텔 숙박 건의서

존경하는 고객님

북경 가든 호텔에 숙박하신 것을 환영합니다. 끊임없이 서비스의 질을 향상시키는 것은 저희들의 한결같은 목표입니다. 바쁘시더라도 시간을 내셔서 이 건의서를 작성해주시면 감사하겠습니다. 고객님의 불편사항 신고와 건의는 저희에게 아주 중요합니다. 더 나은 서비스로 고객님을 다시 모시길 기대합니다.

예약서비스

고객님의 투숙예약 기록은 정확하게 기재되었나요?　　　네____　아니오____

건의 _____

Front 및 관련 서비스

아래 서비스의 만족도를 표시해 주십시오.
(우수, 양호, 보통, 불만, 미흡)

공항 픽업 서비스_____	의전 서비스 _____	Valet 주차 서비스_____
세탁서비스 _____	전화교환원 _____	호텔 셔틀 서비스_____
휘트니스 클럽 _____	비즈니스센터 _____	보안요원 _____

건의 _____

객실 서비스

1. 아래 서비스의 만족도를 표시해 주십시오.(우수, 양호, 보통, 불만, 미흡)

   서비스_____ 인테리어_____ 편안함_____ 청결_____ 가성비_____

   건의 _____

2. 손님이 투숙하신 객실의 시설물이 파손된 것이 있습니까? 네____ 아니오____

   만일 있다면 어떤 물품인지 적어주세요. _____

식음료 및 오락시설

식음료 서비스를 이용한 적이 있으시면 그에 따른 만족도를 표시해 주십시오.
(우수, 양호, 보통, 불만, 미흡)

　　음식_____ 신속한 서비스_____ 서비스 태도_____

　　건의 _____

<table>
<tr><td colspan="2">**개황**</td></tr>
<tr><td>1. 고객님은 본 호텔에 처음 방문하셨습니까?</td><td>네 _____ 아니오 _____</td></tr>
<tr><td colspan="2">2. 고객님은 매년 북경을 몇 번 방문하시나요? 일 년에 한 번 _____ 기타 _____</td></tr>
<tr><td colspan="2">3. 고객님은 북경에 온 목적이 무엇입니까?
　공무 _____　　　　휴가 _____　　　　회의 _____　　　　기타 _____</td></tr>
<tr><td colspan="2">4. 우리 호텔의 전체 서비스에 대해 만족도를 표시해 주십시오.
　우수 _____　양호 _____　보통 _____　불만 _____　미흡 _____</td></tr>
<tr><td colspan="2">5. 고객님께서 만일 북경에 다시 오시게 되면 저희 호텔에 투숙하실 건가요?
　네 _____ 아니오 _____
　만일 오지 않으시겠다면 그에 대한 의견을 부탁드립니다.
　_____</td></tr>
<tr><td colspan="2">아래에 열거한 자료를 작성하시거나 고객님의 명함을 첨부해 주십시오.
　고객님 성함 _____
　객실번호 _____
　체류기간 _____
　직장명, 직함 _____
　주소 _____
　전화 _____
　팩스 _____</td></tr>
<tr><td colspan="2">귀하의 소중한 의견에 감사하며, 이 신고서를 로비의 지배인에게 건네주십시오.</td></tr>
</table>

연습문제 정답

1. (1) 晚上咱们得找一家舒适的宾馆住。
   (2) 不断提高服务质量是我们的一贯宗旨。/ 我们的一贯宗旨是不断提高
      服务质量。
   (3) 我们会以更好的服务期待您的再次光临。
   (4) 请把此意见书交予大堂客务经理。

2. (1) 我们的房费只包含宾馆服务费，而不包括其它的费用。→ ③
   (2) 下次有机会，我还想去那家宾馆住。→ ①

3. (1) 是否　　(2) 予以　　(3) 包括　　(4) 包括/包含

장면 1

장면설명 박미란은 이심애와 쇼핑을 하고 있다.

박미란 와, 이 거리는 정말 시끌벅적해.

이심애 그래. 물건 파는 소리가 여기저기서 들리네.

박미란 많은 상점들이 모두 바겐세일 하는 것 같아.

이심애 어쩐지 거리에 구경하는 사람들이 많더라.

박미란 그럼 우리도 싼 물건이 있는지 좀 둘러보자.

이심애 먼저 저 앞집으로 가. 저 집은 (판촉)홍보를 하고 있잖아.

판촉홍보

고객님 여기 좀 봐주세요.

본 매장이 계절이 바뀌어 재고정리를 합니다. 모든 상품을 노마진 세일합니다.

남성복 균일가 39원, 여성복 균일가 59원입니다.

제품이 한정되어 있으니, 제품 소진 시까지 입니다.

마지막 찬스입니다.

걸음을 멈추고 몇 분만 쓰면 돈을 절약하고 이익이 생깁니다.

망설이지 말고 빨리 구매하세요.

장면 2

장면설명 박미란은 이심애와 치파오 가게를 구경하려고 한다.

박미란 중국의 옷을 보면 한국과 비슷해. 특별한 것이 없나?

이심애 봐. 앞에 치파오 가게가 있어.

박미란 빨리 가서 보자. 난 중국의 치파오를 가장 좋아해.

이심애 우리 엄마도 마찬가지셔. 난 엄마께 최신 유행하는 치파오를 사가지고
가서 드리려고 해.

박미란 치파오에 대해, 내 기억으로 이전에 인터넷으로 조사한 적이 있어.

이심애 그래? 그럼 내게 빨리 이야기해 줘봐.

치파오는 중국과 전 세계 중국인 여성의 전통 복장이다. 그것은 1920년대에 형성되었고 그 전형적 특징은 매듭단추가 있는 우(右) 여밈인데 옷깃을 세우고 매듭으로 여미며 옆트임이 되어 있다.

사람들의 심미적 관점의 변화에 따라서 치파오의 스타일도 끊임없이 변화되었다.

치파오의 스타일은 주로 여밈, 칼라, 소매, 치맛자락 등의 부위가 구체적으로 변화되었다.

여밈에는 원여밈, 방여밈, 직여밈 등이 있다. 칼라에는 상해령, 원보령, 저령 등이 있다. 소매에는 넓은 소매형, 좁은 소매형, 긴 소매, 칠부 소매, 짧은 소매, 민소매 등이 있다. 치맛자락은 길고 짧은 변화를 제외하면 물고기 꼬리 모양, 물결모양 등의 치맛자락 스타일이 늘어났다.

1984년 치파오는 국무원에 의해 여성 외교직원 예복으로 지정되었다. 2011년 치파오 수공예 제작은 세 번째 국가급 무형문화재의 하나로 국무원에서 공포하고 승인되었다.

장면 3

장면설명 박미란은 치파오 한 벌이 마음에 들었으나 너무 비싸다는 생각이 들었다. 이심애는 그녀가 점원과 가격을 흥정해 보라고 한다.

박미란 이 치파오가 너무 예뻐. 한 벌 사고 싶어.

이심애 988원! 와 너무 비싸!

박미란 그러게. 좀 더 저렴하면 좋을 텐데.

이심애 그럼 우리 점원과 가격을 흥정해 보자.

박미란 흥정에는 기술이 반드시 필요하다고 들었는데 난 잘 못해.

이심애 걱정하지 말고 봐. 이것은 내가 인터넷에서 찾은 흥정기술이야.

흥정기술

중국에서는 많은 도매시장이나 작은 매장 등에서 모두 가격을 흥정할 수 있다. 만일 다음의 흥정기술을 알고 나면 쇼핑 때 많은 돈을 절약할 수 있다.

좋아하는 상품을 마주하게 될 때는 시종 살지 말지 아랑곳하지 않는 태도를 유지해야하고 가게주인이 당신이 좋아하는지를 눈치 채지 못하도록 해야 한다. 그렇지 않으면 통상적으로 비교적 높은 가격을 제시할 수 있다.

눈독 들여놓은 한 상품의 가격을 알아볼 때는 먼저 다른 여러 가지 상품 등을 둘러보며 가격을 확인해두고 아직까지 어떠한 상품도 선택하지 못했다는 모습을 드러내야 한다. 그러면 가게주인은 당신이 그 상품을 사가도록 하기 위하여 낮은 가격을 제시할 것이다.

가게주인이 어떤 상품의 가격을 제시한 이후에는 서둘러 가격흥정을 할 필요가 없다. 당신은 그저 다시 둘러보겠다고 말하거나 물건이 너무 비싸다고 이야기한 후 자리를 뜨면 된다. 여러 곳을 비교해본 후 다시 와서 흥정을 하면 된다.

상품의 가공, 스타일, 색깔 등을 자세히 살펴보고 가능한 한 상품의 결함을 찾아내어 그다지 만족하지 못한 표정을 지어 보인다. 이렇게 해야 가게주인이 가격을 지나치게 높이지 않는다.

가게주인과 처음 값을 깎을 때는 반드시 단호해야 한다. 가게주인이 부른 가격을 절반으로 깎아도 된다.

연습문제 정답

1. (1) 在中国很多小商场都可以讲价。

(2) 很多商场都在搞促销大甩卖呢。

很多商场都在搞大甩卖促销呢。

(3) 中国的衣服看起来和韩国的差不多啊!

看起来, 中国的衣服和韩国的差不多啊。

(4) 旗袍的样式变化主要体现在襟、领等部位。

2. (1) 本店转季大清货。所有货物只求成本, 不计利润。 → ②

(2) 这件旗袍真漂亮, 就是太贵了。要是再便宜一点儿就好了。 → ③

3. (1) 不如　　(2) 货比三家　　(3) 急于　　(4) 随着

장면 1

장면설명 박미란은 미용실로 머리를 자르러 간다.

미용사 안녕하세요. 머리 자르시겠습니까? 아니면 파마 하시겠습니까?

박미란 머리를 자르려고요.

미용사 좋아하는 헤어스타일이 있나요?

박미란 전 이 배우와 똑같은 헤어스타일로 하고 싶습니다.

미용사 앞머리를 좀 더 짧게 하면 더 보기 좋을 것 같아요.

박미란 네. 알아서 해주세요.

헤어스타일

말총머리(포니테일): '마미변아(馬尾辮兒)' 라고도 부르고, 보기에 말의 꼬리와 같다고 해서 이름을 지었다. 대부분 머리카락을 뒤로 빗질하고 다시 고무줄이나 기타 장식품으로 동여매는 헤어스타일이다.

당고머리(똥머리): 대부분 말총머리를 토대로 머리카락을 하나로 뭉쳐 하나의 원반으로 틀어 올린 후 검은색의 핀으로 고정한다. 당고머리의 올림스타일은 많은데 어떤 것은 귀엽고 어떤 것은 기품이 있다.

고수(곱슬)머리: 간단히 말하면 S형의 머리카락을 고수머리라고 한다. 고수머리의 유형은 많은 종류가 있으며 남녀가 모두 좋아하는 패셔너블(fashionable)한 스타일이다.

스포츠형 헤어스타일(깍두기 머리): 흔히 볼 수 있는 남성 헤어스타일로 머리카락 길이가 3.3cm이다. 듣자하니 잘생긴 남성인지 아닌지 검증을 하려면 그가 감히 스포츠형 머리로 자를 수 있겠는지를 봐야한다. 왜냐하면 스포츠형 머리는 머리카락이 짧아서 이목구비가 아주 잘 드러날 수 있기 때문이다.

장면 2

장면설명 박미란은 머리를 짧게 잘랐다.

박미란 심애, 새로 한 헤어스타일 보기 좋으니?

이심애 그런대로 괜찮아. 그런데 너무 짧아 낯설어.

박미란 중국친구들도 그렇게 말하고 내게 실연했는지 묻기도 해.

이심애 머리를 짧게 자르는 것과 실연이 무슨 관계가 있어?

박미란 "결별"과 "처음부터 시작"이라는 의미라고 들었어.

이심애 오. 재미있네.

양영기 『단발머리』 가사 발췌

나 머리를 잘랐어요. 미련을 끊어 버렸죠.
사랑받지 못해 어긋나버린 것들을 잘라냈어요.
길고 짧은 짧고 긴 여러 원망 등이
매 순간순간마다 몸부림을 쳤어요.

나 머리를 잘랐어요. 당신에 대한 미움도 끊어 버렸죠.
상처뿐인 나의 난감했던 기억들을 잘라냈어요.
되풀이되기만 하고 지워지지가 않았죠.
당신의 속삭임 당신의 거짓말도 미련 없이 함께 잘라 버렸어요.

장면 3

장면설명 박미란은 이심애와 머리염색에 대해 이야기를 하고 있다.

박미란 난 머리를 흰색이나 초록색으로 염색할 생각이야.

이심애 너무 지나친 것 아냐?

박미란 일부러 이렇게 염색해서 엄마한테 보여주려고 해.

이심애 왜?

박미란 한국에 있을 때 엄마가 내게 염색하지 말라고 하셨거든.

이심애 아마도 다음 달 생활비가 없어질지도 몰라.

미용실의 기본 서비스 항목

커트: 일상적인 대화에서는 "전두(剪頭)"라고도 말하고 (고객의)요구에 따라 머리카락을 적당한 스타일로 손질하는 것으로 이것은 헤어스타일을 멋지게 하는 기초이다.

샴푸: 머리를 깨끗이 하여 빗질, 스타일링을 위한 조건을 만든다.

면도: "수면(修面)"이라고도 칭하며, 머리를 감은 후 면도칼로 얼굴의 솜털과 수염을 미는 것으로 이것은 남자머리를 깎는 하나의 단계이다.

드라이: 깨끗이 씻어낸 머리를 말린 후 각종 스타일링을 만드는데 이것은 헤어스타일을 멋지게 하는 마지막 단계이다.

파마: 일상적인 대화에서는 "탕두(燙頭)"라고도 하고 머리를 곱슬곱슬하게 하거나 스트레이트(매직)를 하게 하여 아름다움을 더한다.

헤어롤: 일상적인 대화에서는 "주두(做頭)"라고도 하며 보통은 파마한 머리를 말아 올리고 빗질해서 다듬어 각종 스타일링을 만든다.

염색: 일상적인 대화에서는 "염두(染頭)"라고도 하며 염색약을 바르고, 말리고, 물로 씻어내는 단계를 거쳐 고객의 머리색을 달라지게 한다.

가발: 고객의 요구에 따라 인공 제작의 헤어 제품을 원래의 머리에 덮어씌운다.

연습문제 정답

1. (1) 我想要这位明星的同款发型。

    (2) 寸头是一款常见的男士发型。

    (3) 我怕你下个月就没有生活费了。／我怕你下个月生活费就没有了。

    (4) 在韩国的时候，妈妈不让我染发。

2. (1) 가: 您好，您喜欢什么发型？

      나: 天太热了，剪短一些就好。 ➡ ③

    (2) 가: 儿子，生活费够不够？

      나: 够了，我还有奖学金呢。 ➡ ①

3. (1) 得名　　(2) 有的，有的　　(3) 敢，敢　　(4) 一道

---

08 음식

장면 1

장면설명 박미란은 이심애와 음식에 대해 이야기 하고 있다.

박미란　심애, xiāngcài (湘菜: 후난풍) 요리를 먹고 싶지 않니?

이심애　xiāngcài (香菜: 고수)? 난 그다지 좋아하지 않아. 맛이 이상하거든.

박미란	내가 말하는 "xiāng"은 "xiāngshuǐ (香水: 향수)"의 "xiāng (香: 향)"이 아니라 후난성(湖南省)의 약칭인 "xiāng (湘: 상)"이야.
이심애	아, 중국의 8대요리의 하나인 호남(湖南)요리를 말하는 거구나.
박미란	그래. 시내에 유명한 호남음식점 한 군데가 있는데 마침 할인이벤트를 하고 있어.
이심애	그럼 우리 빨리 가서 맛 좀 보자.

중국 사대요리와 팔대요리

중국의 요리는 각 지역의 기후, 풍속과 토속품의 다름에 따라 지역의 풍미도 다르다. 길고 긴 역사의 변천과 요리기술의 발전과정을 거쳐 사회적으로 공인된 사대요리와 팔대요리가 형성되었다. 요리의 유파는 계속 늘어나는 추세를 보인다.

산동, 사천, 광동, 강소요리를 합쳐서 사대요리라 하였다. 사대요리는 비교적 일찍 형성되었는데 나중에 강소지역 요리는 강소요리, 절강요리, 안휘요리로 나누어지고 광동지역 요리는 광동요리과 복건요리로 나누어지며 사천지역 요리는 사천요리과 호남요리로 나누어져서 산동, 사천, 광동, 강소, 절강, 복건, 호남, 안휘 지역의 요리를 합쳐서 팔대요리라고 부르게 되었다.

모든 요리마다 유구한 역사와 뚜렷한 지방 특색이 있으며 중국의 진귀한 보물일 뿐만 아니라 전 세계의 보물이기도 하다.

장면 2

장면설명	박미란은 예약을 하려고 전화를 건다.
종업원	여보세요. 안녕하세요. 여기는 xiāngxiāng (香湘: 향상)요리 집입니다.
박미란	안녕하세요. 토요일 저녁식사 예약하려고 합니다.
종업원	네. 잠시만 기다려주십시오. …… 토요일 몇 시이고 몇 분이시죠?
박미란	오후 다섯 시 반쯤이고 두 사람입니다.
종업원	네 그렇게 하겠습니다. 성함이 어떻게 되시나요?
박미란	박미란 입니다. 이번 주가 개업 기념 이벤트 주간이라고 들었는데 그런가요?
종업원	그렇습니다. 이벤트 기간 동안 모든 음식을 20% 할인해 드리고 상품

권도 드립니다.

박미란　너무 좋네요.

할인권

할인권은 상품구매나 체험 시 사용하는 일종의 혜택 쿠폰으로 전자쿠폰과 종이쿠폰으로 구분한다.

사용방식으로 보면 현재 흔히 볼 수 있는 쿠폰은 아래의 몇 종류가 있다.

1. 일부 현금으로 사용할 수 있는 쿠폰은 상품권이라고 부른다.
2. 일부 서비스체험을 할 수 있는 쿠폰은 체험권이라고 부른다.
3. 지정된 선물만 받을 수 있는 쿠폰은 기프티콘이라고 부른다.
4. 할인혜택을 누릴 수 있는 쿠폰은 할인권이라고 부른다.
5. 특별 할인 가격으로 상품을 구매할 수 있는 쿠폰은 이벤트할인권이라고 부른다.

장면 3

장면설명　박미란은 이심애와 식당에 있다.

종업원　안녕하세요. 이건 메뉴판입니다. 요리를 주문하세요.

박미란　"마랄자계(얼얼하게 매운 닭)"하나와 "홍소육(짙은맛의 삼겹살 찜)"하나 주세요.

종업원　식사와 음료는 무엇으로 하시겠습니까?

박미란　식사는 밥으로 주세요. 심애야 뭘 마시겠니?

이심애　청도 맥주로 두 병 주세요.

종업원　알겠습니다. 기피하는 음식이 있습니까?

이심애　있습니다. 고수는 넣지 말아주세요.

중국 팔대요리의 대표적인 음식 종류

산동요리는 요리법이 정교하며 대표적인 음식으로는 당초어(튀겨낸 민물생선), 홍소대하(간장에 조린 새우)등이 있다.

사천요리는 맵고 얼얼하며 대표적인 음식으로는 마파두부, 어향육사(채 썬 돼지고기볶음) 등이 있다.

광동요리는 신선하고 연하며 대표적인 음식으로는 구로육(탕수육), 고유저 (새끼돼지 바비큐)등이 있다.

강소요리는 스타일링을 중시하며 대표적인 음식으로는 회양사자두(양주 고기 완자), 염수압(소금에 절인 오리) 등이 있다.

절강요리는 향토 맛이 짙으며 대표적인 음식으로는 서호초어(서호의 생선찜), 동파육(소동파 이름을 딴 돼지사태) 등이 있다.

복건요리는 색깔이 보기 좋으며 대표적인 음식으로는 불도장(상어 지느러미 요리의 일종), 담조향라편(술향 다슬기 볶음) 등이 있다.

호남요리는 시큼하고 매운 맛을 중시하며 대표적인 음식으로는 마랄자계(얼얼하게 매운 닭), 빙당상연(단맛 연밥디저트) 등이 있다.

안휘요리는 산과 들에서 나는 온갖 진귀한 요리로 잘 알려져 있으며 대표적인 음식으로는 화퇴돈갑어(거북요리), 황산돈합(비둘기요리) 등이 있다.

연습문제 정답

1. (1) 菜系流派还有继续增加的趋势。

(2) 目前较为常见的优惠券有以下几种。

(3) 每个菜系都有悠久的历史和鲜明的地方特色。

(4) 香菜味道很奇怪，我不太喜欢。 / 我不太喜欢香菜，味道很奇怪。

2. (1) 您好，这是菜单，请点菜。 ➜ ①

(2) 我想订周六晚餐的位子。 ➜ ②

3. (1) 搞/进行　　(2) 打，赠送　　(3) 来/要/上　　(4) 不要/别

09　진찰

장면 1

장면설명 박미란은 기숙사 복도에서 이심애를 만난다.

박미란 심애야, 너 안색이 왜 이렇게 안 좋아?

이심애 설사를 하고 속이 좀 메스꺼워.

박미란 식중독 걸린 것 아니니?

이심애 나도 모르겠어. 나대신 결석신청 좀 해줘.

박미란 결석 신청하는 것은 문제가 아니야. 가자. 내가 병원에 데려다줄게.

이심애 고마워 미란.

결석신고서

존경하는 ○○○ 선생님

제가 복통이 심해 급히 진료를 받아야 해서 2019년 2월 28일 하루 결석을 신청하니 허락해주십시오. 감사합니다.

신청인: 이심애

2019년 2월 28일

존경하는 선생님

본인은 HSK시험 참가로 인해서 2019년 2월 26일에서 2월 28일까지 3일 결근하려고 하니 허락해주십시오. 결근기간 연락처는 13840256012 번입니다.

이에

삼가 인사드립니다.

신청인: 윤채림

2019년 2월 25일

장면 2

장면설명 박미란은 이심애와 병원에 있다.

박미란 안녕하세요. 제 친구가 배가 아프니 접수해주세요.

접수직원 진료카드가 있습니까?

박미란 없습니다.

접수직원 접수 신고서를 작성해 주십시오.

접수직원 이것은 당신의 진료수첩입니다. 잘 챙기세요.

박미란 네 알겠습니다. 그럼 이제 어디로 가야 하나요?

접수직원 1층 진료대기실에서 기다리시면 됩니다.

```
┌─────────────────────────────────────────────────────────────┐
│                        진료 접수증                            │
│  ┌───────────────────────────────────────────────────────┐  │
│  │ 우리 병원에 진찰 받으러 오심에 감사드립니다. 아래의 자료를 작  │  │
│  │ 성하시면 당신의 개인기록을 관리하여 편리하게 진찰 받으실 수   │  │
│  │ 있습니다. 감사합니다.                                     │  │
│  ├───────────────────────────┬───────────────────────────┤  │
│  │ 성명 :                    │ 성별 :                    │  │
│  │ 연령 :                    │ 연락번호 :                 │  │
│  │ 연락주소 :                │ 알레르기 병력 :            │  │
│  ├───────────────────────────┴───────────────────────────┤  │
│  │ 접수과 :                                               │  │
│  ├───────────────────────────────────────────────────────┤  │
│  │  내과    외과    부인과    소아과    안과    구강과     │  │
│  │  피부과  이비인후과  중의과   심리상담실   신체검사센터  │  │
│  └───────────────────────────────────────────────────────┘  │
└─────────────────────────────────────────────────────────────┘
```

장면 3

장면설명 박미란은 수납창구에 있다.

박미란　안녕하세요. 어떻게 돈을 내야 하나요?

수납직원　사회보장카드가 있습니까?

박미란　없습니다. 환자가 유학생이라 사회보장카드가 없습니다.

수납직원　유학생은 전문 의료보험이 있습니다. 이건 영수증이니 가지고 가셔서
　　　　　선생님께 물어보십시오.

박미란　알겠습니다. 어디 가서 약을 타야 하나요?

수납직원　약국은 맞은편에 있습니다.

중국에 온 유학생을 위한 종합보험

중국 교육부는 중국 평안보험회사와 1999년부터 협력을 하여 중국에 온 유학
생들을 위한 종합보험을 만들었다.

중국에 온 유학생 종합보험의 주요 가입 대상은 중국에 온 유학생, 외국 전문가, 홍콩·마카오·타이완 학생들이다. 보험 내용에는 불의의 상해 치료와 입원 치료 등이 포함된다.

예상하지 못한 상해와 긴급 상황을 제외하고는 유학생 입원은 3급 이상 공립 병원에 들어가야 하며 위생관리부서가 규정한 국비의료표준에 따라 진료를 받아야 한다.

일반적으로 학교에서 모든 학생을 위해 보험을 공동 가입할 수 있으며 구체적인 상황은 학교 사무처에 문의할 수 있다.

연습문제 정답

1. (1) 感谢您来我院就诊。

(2) 留学生住院应入三级以上公立医院。

(3) 具体情况可以咨询学校办事处。

(4) 留学生有专门的医疗保险。

2. (1) 请到一楼候诊区候诊。 ➙ ②

(2) 你昨天怎么没来上课? 为什么没跟我请假? ➙ ①

3. (1) 怎么　　(2) 于　　(3) 好　　(4) 以便

10　휴대 전화 유심칩 구매

장면 1

장면설명 박미란은 이심애와 휴대 전화 유심칩에 대해 대화를 나누고 있다.

이심애　미란, 너 휴대 전화 유심칩 어디에서 샀니?

박미란　바로 교문입구의 영업점에서 샀는데 너도 살거니?

이심애　그래. 중국에서 휴대 전화가 없으니 진짜 너무 불편해.

박미란　너 지금 살거니? 내가 너 데리고 갈게.

이심애　좋아. 먼저 돈이 충분한지 보고.

박미란　돈뿐만 아니라 여권도 챙겨야해.

휴대 전화 유심칩

- 휴대 전화 유심칩은 휴대 전화에 사용하는 USIM card를 말한다.
- 중국에는 3대 통신회사가 있다. 차이나모바일(CHINA Mobile), 차이나유니콤(CHINA Unicom), 차이나텔레콤 (CHINA Telecom)이다. 세 회사의 휴대 전화 유심칩은 모두 각자의 영업점에서 구매할 수 있다.
- 휴대 전화 유심칩을 구매하려면 실명제가 요구되어 신분증, 여권 등 유효 증명서를 가지고 가야 한다.
- 휴대 전화 유심칩을 구매할 때 직접 인터넷 패키지 요금제를 개통하면 일정한 데이터와 국내통화 무료를 제공받을 수 있다. 만일 패키지 요금제를 개통하지 않으면 직접 인터넷 기능을 사용하여 가격이 좀 더 비싸다.
- 패키지 요금제는 여러 종류의 선택이 있는데 금액이 크면 클수록 인터넷과 통화의 무료 사용량이 크다.

장면 2

장면설명 박미란은 이심애와 휴대 전화 유심칩을 사러 간다.

이심애　안녕하세요. 휴대 전화 유심칩을 사려고 합니다.

영업사원　신분증 가져오셨나요?

이심애　가져왔습니다. 이건 여권이고, 이건 제 휴대 전화예요.

영업사원　걱정 마시고요. 여기 전화번호가 몇 개 있는데 어느 번호가 마음에 드나요?

이심애　전 끝번호가 9인 것이 좋아요.

영업사원　알겠습니다. 제가 설정해 드리면 바로 사용할 수 있습니다.

숫자의 함의

중국사람 눈에는 숫자가 감정과 마력을 가지고 있다고 한다.

중국 사람이 좋아하는 숫자는 6, 8. 9이다. 왜냐하면 6은 순조롭게 잘 되다, 8은 부자가 되다, 9는 오랫동안 살아감을 나타낸다.

중국 사람이 좋아하지 않는 숫자는 4인데 4는 "죽다(死)"와 독음이 같은 음이기 때문이다.

일상생활에서 2와 250 이 두 숫자는 조심해서 사용해야 한다. 왜냐하면 그것들은 모두 "어리석다"의 뜻을 갖고 있기 때문이다.

인터넷 채팅을 할 때 네티즌은 종종 단어를 숫자로 대체해서 사용했는데 오랜 시일이 지나면서 어떤 숫자는 인터넷 용어가 되었다. 예를 들면 다음과 같다.

0487 당신은 백치
1314 한평생
282 배고프지
3344 대대손손, 세세생생(몇 번이든지 다시 환생하는 일)
456 나야
484 그래?
520 사랑해
530 보고 싶어
745 기분 나빠 죽겠어
995 구해줘
886 잘 가

장면 3

장면설명 박미란은 이심애와 휴대 전화로 게임을 하고 있다.

박미란   심애, 우리 위챗(위채트, wechat) 친구해.

이심애   나도 마침 위챗 다운로드하고 있어.

박미란   속도가 정말 빨라. 다 되었니?

이심애   성공했어. 넌 나의 첫 번째 위챗 친구야.

박미란   대단한 영광인걸. 홍빠오(紅包, 보너스)로 축하해줄게.

이심애   너 홍빠오도 보낼 줄 알아? 정말 중국통(中國通)답네.

위챗에 관하여

위챗(WeChat)은 중국 대중들로부터 사랑을 받는 무료 응용 프로그램이다. 음성메시지, 동영상, 사진과 문자를 발송하는데 소량의 인터넷 데이터만 소모될 뿐이다.

위챗은 소셜 정보서비스 플랫폼이자 상거래 정보서비스 플랫폼이다. 사용자는 위챗을 통해 온라인 쇼핑, 티켓팅, 신용카드 환불, 휴대 전화 통신요금 충

전, 생활 요금 납부, 호텔, 레스토랑, 택시 예약, 공유 자전거의 잠금장치 분리 등을 진행할 수 있다. 위챗을 통해 QR코드를 스캔해서 돈을 받고 지불할 수도 있다. 이러한 지불방식은 현금사용과 은행카드의 사용을 대폭으로 감소시켜 생활의 다양한 편리함을 가져왔다.

만일 당신 친구가 당신을 찾고자 하는데 당신이 있는 현재 위치를 정확하게 설명할 수 없다 하더라도 전혀 긴장할 필요가 없다. 위챗 대화상자의 하단에 있는 "위치" 표시를 클릭만 하면 위챗 내비게이션을 활용해서 위치를 알아낼 수 있기 때문이다. 위챗은 이 외에도 다양한 프로그램이 있어 일일이 열거할 수 없으니 직접 체험해 보는 것이 좋을 듯하다.

현재 매월 위챗을 활용하는 인구는 9억 명이 넘으며 200여개의 국가에 분포되어 있다.

연습문제 정답

1. (1) 微信月活跃用户已超过9亿。

(2) 网民经常用数字代替词语。

(3) 微信仅消耗少量网络流量。

(4) 微信给生活带来了巨大变化。

2. (1) 我想开通98元的全球通套餐，然后充300元话费。 → ②

(2) 对不起，您所拨打的电话已关机。 → ①

3. (1) 不光   (2) 不愧   (3) 越, 越   (4) 既, 又

---

11 아침 운동

장면 1

장면설명 박미란은 아침운동을 하고 온다.

이심애   미란아 너 어디 갔었니?

박미란   아침 운동 갔었어.

이심애   나도 방금 달리기 하고 왔는데 왜 널 못 봤지?

박미란 난 달리기 하지 않고 공원에 가서 태극권을 했었어.

이심애 할아버지, 할머니들과 함께 한 거니?

박미란 할아버지, 할머니뿐 아니라 젊은 사람도 있었어.

이심애 너도 참 대단해.

태극권

태극권은 중국 전통의 유교(儒敎), 도교(道敎) 철학 속의 태극, 음양 변증법적 이념을 핵심 사상으로 하고 있다. 성품 수양, 건강 증진, 격투 기술 등의 다양한 기능을 두루 갖춘 중국전통 무술이다.

태극권은 음양오행 변화의 철학사상을 구현하고 있을 뿐만 아니라 중국의학의 경락학, 고대의 토납술(단전호흡의 한 방법)등 전통과 융합되었다. 내외겸수(안과 밖이 모두 온전함), 온화, 원만, 날렵함, 강함과 부드러움이 서로 조화를 이루는 특징을 갖추고 있다.

태극권의 유파는 매우 많으며 중국에서는 대중의 기반 또한 광범위하며 호흡과 동작을 통해서 생명력을 기르는 무술 권법 중의 하나이다. 태극권은 무예를 겨루는 것 외에도 태극체조와 태극추수(보법을 자유롭게 이동하는 연습법) 등으로 새롭게 바뀌어 지금은 기공체조, 율동공연, 생활체육 경기 등의 다양한 종목으로 발전되고 있다.

2006년 중국에서 태극권은 국가무형문화유산 명부에 등재되었다.

장면 2

장면설명 박미란은 이심애와 함께 아침 운동을 간다.

박미란 심애야, 우리 함께 태극권 배워 보는 게 어때?

이심애 태극권은 리듬이 너무 느려 답답해.

박미란 그럼 빠른 리듬의 광장무를 배우러 가자.

이심애 그래 좋아. 난 진작 배워 볼 생각이었는데 쑥스러워 혼자는 못가겠더라고.

박미란 뭐가 쑥스러워! 어차피 네가 누군지 아무도 모르잖아.

이심애 기다려 봐. 그래도 난 마스크는 착용해야 될 것 같아.

광장무

광장무는 대중들이 자발적으로 조직해서 공연하는 단체 무용이다. 중장년층으로부터 사랑을 받고 있는 일종의 문화체육 활동으로 공연을 광장에서 많이 해서 붙여진 이름이다.

민족, 지역, 단체가 다르기 때문에 광장무의 표현방식도 각기 다르다. 그러나 대부분이 심신의 즐거움이 목적이기에 즐겁고 경쾌하며 활기가 넘친다.

광장무의 참여자 대다수는 중장년층이며 활동시간은 대부분 이른 아침이나 해 질 무렵이다. 공연 시 통상적으로 데시벨이 높고 리듬감이 강한 음악 반주를 하여 근처에 입주해 사는 주민들이 소음 공해로 자주 신고를 하기도 한다.

중국 체육총국, 문화부는 광장에서 신체를 단련하는 댄스에 대해 인도, 육성, 규범화의 방침에 따라 질서 있고 건강하게 발전해 나갈 수 있는 종목으로 추진하고 있다.

장면 3

장면설명 박미란은 이심애와 헬스장에 있다.

박미란　나 방금 헬스장 3개월 등록했어.

이심애　너 꾸준히 운동할 수 있겠어?

박미란　솔직히 자신은 없어.

이심애　그럼 왜 그렇게 한 번에 많은 돈을 썼어?

박미란　3개월 등록하면 할인이 많기 때문이지.

이심애　정말 어이없다.

헬스 주의사항

헬스 전에 무리한 식사는 피해야 한다.

헬스 전에는 먼저 준비운동을 하고 몸이 풀린 후부터 기기를 사용할 수 있다.

미성년자나 연장자는 반드시 보호자와 함께 해야 한다.

운동 때 멀미, 메스꺼움, 가슴앓이 등의 증상이 나타나면 즉각 멈추고 필요시 치료를 받아야 한다.

헬스 때 잡담 및 주의력을 분산시키는 행위는 피해야 한다.

헬스 후에는 바로 샤워를 해서는 안 된다. 30분에서 1시간 정도 쉬었다가 적당한 수분이 보충된 후 따뜻한 물로 씻어야 한다.

연습문제 정답

1. (1) 我刚才也去跑步了。

(2) 广场舞经常招致扰民投诉。

(3) 此项开支没有被列入预算。

(4) 健身时避免闲谈及其他一切分散注意力的行为。

2. (1) 这种拳术具有内外兼修、柔和、缓慢、轻灵、刚柔并济的特点。 ➔ ①

(2) 가: 咱们一起去打太极拳, 怎么样？

나: 还是去体验一下快节奏的广场舞吧。 ➔ ③

3. (1) 就是   (2) 不光   (3) 方/才   (4) 以

12 　아르바이트

장면 1

장면설명 박미란은 이심애와 아르바이트에 대해 이야기하고 있다.

이심애 미란, 이 광고 좀 봐줘.

박미란 구인광고……너 아르바이트 할 생각이니?

이심애 그래. 좋아하는 일을 하면서 돈을 버는 것도 좋은 것 아닌가?

박미란 좋긴 하지만 먼저 선생님한테 물어봐.

이심애 아르바이트하는데 선생님의 허락을 꼭 받아야 하니?

박미란 내가 알기로는 선생님 허락뿐만 아니라 공안기관 허가도 필요해.

유학생 근공조학(勤工助學) 법률 규정

『중화인민공화국 외국인 출입국 관리 조례』(이하 『조례』로 약칭)의 규정에 따르면 학업 목적의 체류증을 소지한 외국인이 학교 밖에서 아르바이트나 실습을 하려면 반드시 소재학교의 동의를 거친 후 체류증에 아르바이트 혹은 실습 지역, 기간 등의 정보를 기입할 수 있도록 공안기관 출입국 관리기관에 신청해야 한다.

중국으로 실습 온 유학생이나 학습 목적 등의 체류증을 소지한 외국인들은 지참하고 있는 체류증에 직전 조항의 규정 정보를 기입하지 않으면 학교 밖에서 아르바이트나 실습을 할 수 없다.

『조례』는 더 나아가 외국인을 고용해서 일을 시키거나 외국 유학생을 모집하는 부서의 보고 업무를 명확히 해두었다. 외국인이 이직을 하거나 노동 지역을 변경할 경우, 또는 유학생이 졸업 등의 원인으로 인해 처음 모집한 부서를 떠날 경우, 즉각 현급 이상의 소재지에 있는 지방 인민정부 공안기관 출입국 관리기관에 보고해야 하는 규정이 있다.

『조례』는 외국유학생 실습 등에 대한 규정으로 작성되어 있지만 사실은 외국 유학생의 "아르바이트"를 합법적으로 해주기 위한 하나의 방편이라고 할 수 있다.

장면 2

장면설명 이심애는 왕 선생님께 알바에 대해 문의한다.

이심애 왕선생님, 이번 알바는 어렵게 얻은 기회라 경험 한번 해보고 싶어요.

왕선생 어디 보자······합법적인 회사에다가 시간도 괜찮은 것 같은데.

이심애 선생님께서는 동의하시는거죠?

왕선생 뭐랄까? 선뜻 지지하지 않지만 반대도 하지 않네.

이심애 그게 무슨 뜻이죠?

왕선생 마지못해 동의한다는 거지. 절대 공부에 지장을 주면 안 되네.

근공조학(勤工助學)의 경우 체류증서에 추가로 기재할 사항이 필요하다면?

체류증서에 추가로 기재할 사항이 필요하면 먼저 출입국 관리기관에 신청할 때 지역별로 구체적인 처리 과정이 조금씩 다르므로 본인이 거주하고 있는 공안 출입국에 문의하거나 소속 학교의 유학생 사무실, 국제학부, 혹은 국제 교류 담당부서에 문의해야 한다.

유의할 점은 근공조학(勤工助學) 이나 실습 등은 먼저 소속 학교의 인정을 거쳐야 한다.

신고서류는 일반적으로 다음과 같다.

1. 『외국인 사증 신청서』

2. 최근의 3.5×4.5(2寸) 반신 정면 탈모 사진 1장
3. 여권이나 기타 국제여행증 원본과 사본
4. "해외 체류자의 기본 정보"표 (소재지 파출소나 호텔에서 발급)
5. 신청사유와 연관된 증명자료 제출
6. 기타 이행에 필요한 수속과 증명자료 제출

장면 3

장면설명 박미란은 이심애한테 아르바이트에 대한 느낌을 물어본다.

박미란 심애, 너 아르바이트하고 있는데 어때?

이심애 너무 좋아. 다만 막 시작했을 때는 다른 사람이 무슨 말을 하는지 도통 알아들을 수가 없었어.

박미란 그거야 정상적이지. 지금은 많이 좋아졌지?

이심애 좀 나아졌어. 너도 도전해볼래?

박미란 실은 나도 알바 하나 해보고 싶지만 실력이 모자라 걱정돼.

이심애 넌 언어실력이 그렇게 좋으니 아무 문제없을 거야.

구인광고

본 회사는 한국 국적의 아르바이트 사원을 1명 초빙하고자 함. 한국어 원고를 다듬는 일이며 한국유학생이라면 학습 이외의 시간에 와서 지원하기 바람.
어느 정도의 문장 구사 능력과 word 및 excel 등 사무용 소프트웨어에 익숙하고 성실하고 꼼꼼하며 책임감이 강해야 함.
반드시 개인 이력서 1부와 학력 증명, 상벌사항, 언어 증명서 등을 스캔해서 보내기 바람.
서류전형과 부서 면접을 거친 후 채용협약을 체결하며 통역, 번역 경험이 있는 자를 우선 채용하고자 함.
임금은 직접 만나서 상의 후 결정함.

연습문제 정답

1. (1) 未经允许, 学员不得擅自离校。/ 学员未经允许, 不得擅自离校。

(2) 今年的房价略有下降。

(3) 我怕自己的实力不够。

(4) 经过简历筛选后签订录用协议。

2. (1) 本机构急需韩语兼职教师，薪资面议。 ➔ ③

(2) 持学习类居留证件的请前来加注信息。 ➔ ②

3. (1) 经　　(2) 份　　(3) 则　　(4) 赋予

| 지은이 소개 |

김재민金宰民

한양여자대학교 실무중국어과 교수

대표 저서 및 역서
중국미인열전(차이나하우스)
Lovely 중국어(글로벌콘텐츠)
우리들의 일그러진 영웅(중국 학림출판사)
감성사전(중국 학림출판사)
조선왕조의궤(중국 절강대학출판사)
나무에 새겨진 팔만대장경의 비밀(중국 절강대학출판사)

맹춘영孟春玲

수원대학교 국제대학 CSL 조교수

대표 저서 및 역서
리얼 BCT 어휘공략(중앙북스)
조선왕조의궤(중국 절강대학출판사)

손양孫楊

수원대학교 국제대학 CSL 조교수

빅데이터 문화와 회화의 소통

실용중국어实用汉语

초판 인쇄 2019년 11월 15일
초판 발행 2019년 11월 25일

지 은 이 ǀ 김재민·맹춘영·손양
펴 낸 이 ǀ 하운근
펴 낸 곳 ǀ 學古房

주   소 ǀ 경기도 고양시 덕양구 통일로 140 삼송테크노밸리 A동 B224
전   화 ǀ (02)353-9908 편집부(02)356-9903
팩   스 ǀ (02)6959-8234
홈페이지 ǀ www.hakgobang.co.kr
전자우편 ǀ hakgobang@naver.com, hakgobang@chol.com
등록번호 ǀ 제311-1994-000001호

ISBN   978-89-6071-929-3 93720

값 : 12,000원

▪ 파본은 교환해 드립니다.